上市公司
超额银行借款行为研究

影响因素与经济后果

邓 路 刘瑞琪◎著

RESEARCH ON
THE BEHAVIOR OF EXCESSIVE BANK LOANS
OF LISTED COMPANIES

中国经济出版社
CHINA ECONOMIC PUBLISHING HOUSE
·北 京·

图书在版编目（CIP）数据

上市公司超额银行借款行为研究：影响因素与经济后果/邓路，刘瑞琪著．
—北京：中国经济出版社，2020.6
ISBN 978-7-5136-6126-3
Ⅰ.①上… Ⅱ.①邓… ②刘… Ⅲ.①上市公司—银行—借款—研究—中国
Ⅳ.①F279.246

中国版本图书馆 CIP 数据核字（2020）第 053701 号

责任编辑　牛慧珍
责任印制　马小宾
封面设计　任燕飞

出版发行　中国经济出版社
印 刷 者　北京建宏印刷有限公司
经 销 者　各地新华书店
开　　本　710mm×1000mm　1/16
印　　张　12.25
字　　数　150 千字
版　　次　2020 年 6 月第 1 版
印　　次　2020 年 6 月第 1 次
定　　价　68.00 元
广告经营许可证　京西工商广字第 8179 号

中国经济出版社 **网址** www.economyph.com **社址** 北京市东城区安定门外大街 58 号 **邮编** 100011
本版图书如存在印装质量问题，请与本社销售中心联系调换（联系电话：010-57512564）

本著作系国家自然科学基金“公司超额银行借款行为研究：影响因素与经济后果”（批准号：71572007）阶段性研究成果，同时感谢国家自然科学基金“公司债券契约条款影响因素及治理效应研究”（批准号：71772011）的研究资助。

前　言

PREFACE

改革开放以来，相对于中国经济的高速增长，中国的金融体制改革略显滞后，目前仍然处于以间接融资为主体的大型国有控股银行主导型金融体系。根据Wind数据库统计，自2001年到2018年，中国非金融类上市公司银行借款占总负债的比例平均值为39.45%，中位数为41.36%，银行借款依然是公司负债的最主要形式。然而，不同公司之间银行借款占总负债的比例又存在较大的差异，有些公司常年无银行借款，而有些公司银行借款占总负债的比值常年在80%左右，而同一公司在不同年份银行借款占总负债的比值也有较大变化。按照资本结构权衡理论假说，公司应该具有目标债务比例，那么，公司是否也存在目标银行借款比例？如果公司存在目标银行借款比例，公司实际的银行借款比例与理想值之间的偏离就会形成借款过多或借款不足。综观现有文献，学术界尚缺少关于超额银行借款成因及其经济后果的系统性研究。本书拟围绕公司超额银行借款这一研究主题，从宏观环境、盈余质量等视角考察公司超额银行借款的影响因素，并进一步从资本配置效率和诉讼风险等维度检验公司超额银行借款的经济后果。

与以往文献相比，本书的主要贡献在于：①从宏观层面和微观层面考察公司超额银行借款影响因素，拓展了公司财务权衡理论的研究视野。以往国内外学者研究资本结构权衡理论时主要关注最优资本结构及其动态调整，即使在研究债务融资时也仅是涉及债务期限结构、有息债务与商业信用依存关系等相关领域，而对债务融资中的超额银行借款较少涉及。本书以公司超额银行借款为主题，从制度环境、货币政策、会计信息质量等多视角考察公司超额银行借款成因，进一步拓展了公司财务权衡理论的研究视野。②结合中国资本市场特殊的制度背景多维度检验公司超额银行借款经济后果，丰富了债务治理效应领域的研究范畴。银行借款作为公司最为重要的债务融资方式，其经济后果和治理效应目前学术界尚存在争议。本书立足中国特殊制度环境，系统考察公司超额银行借款在资本配置效率和诉讼风险等方面的经济后果，并按照产权性质加以区别研究。本书通过理论分析与实证检验多角度丰富债务治理效应领域的研究范畴。

本书主要的研究思路如下：首先，通过文献回顾对国内外有关银行借款的相关文献进行了梳理和总结；在此基础上，构建了中国上市公司超额银行借款指标。其次，进入本书实证研究的主体部分，从宏观环境、盈余质量视角考察公司超额银行借款成因，从资本配置效率、诉讼风险角度考察公司超额银行借款经济后果。最后，基于前面的实证分析结果，我们得到以下主要结论：

1. 国有上市公司的超额银行借款显著多于非国有上市公司；随着制度环境的改善，国有上市公司和非国有上市公司之间的超额银行借款差异减少；而在货币政策紧缩期和金融危机期间，国有上市公司和非国有上市公司之间超额银行借款的差异增大。

2. 公司在拥有能满足正常经营所需的银行借款后，依然会通过盈余管理行为获得更多的超额银行借款。随着金融市场化程度的提高，公司进行应计盈余管理的难度加大，应计盈余管理与公司超额银行借款之间的正相关关系减弱，尤其在金融市场化达到一定程度之后，二者之间呈负相关关系；同时，公司会选择进行更多的真实盈余管理行为，真实盈余管理与公司超额银行借款正相关关系逐渐增强。

3. 公司超额银行借款会增加过度投资行为，管理者自利会加剧超额银行借款的过度投资水平，而机构投资者持股则会抑制超额银行借款的过度投资行为。进一步考虑公司机构投资者稳定性后，发现机构投资者稳定性越强，对公司超额银行借款过度投资的抑制作用越显著。

4. 公司超额银行借款会增加公司的道德风险和机会主义行为，降低公司的经营能力和业绩指标，同时降低公司管理层如实披露信息的意愿，增加公司内外部的信息不对称程度，进而增加公司的诉讼风险；而公司有效的内部控制和良好的外部法律环境可以对以上行为形成良好的约束作用，从而弱化公司超额银行借款与诉讼风险之间的正相关关系。此外，在对公司超额银行借款和诉讼风险二者关系的调节过程中，内部控制和外部法律环境存在相互替代的关系。

本书的实践意义在于：为公司合理选择银行借款规模优化资源配置提供实践依据；为投资者选择正确的投资对象提供现实依据；为监管机构完善信贷管理制度提高监管效率提供决策依据。

目 录

CONTENTS

第1章

绪　论

1.1 研究背景与研究视角

1.1.1 研究背景

自 Modigliani and Miller（1958）提出完美资本市场假设下资本结构与公司价值无关的命题以来，资本结构便成为公司财务领域最为核心的研究议题之一。后续学者不断放松完美资本市场假设条件，考虑到公司所得税、破产成本、代理成本以及非负债税收利益损失等因素，提出了基于最优资本结构的权衡理论（Kraus and Litzenberger，1973；DeAngelo and Masulis，1980；Jensen，1986）。当外部冲击使资本结构偏离目标值时，公司会调整债务权益比例，使其接近最优资本结构（Graham and Harvey，2001；Drobetz and Wanzenried，2006；Harford et al.，2009）。然而，现实中由于各种因素影响，公司实际债务比例往往和最优债务比例之间存在着偏离（Flannery and Rangan，2006；Titman and Tsyplakov，2007），进而形成公司的超额负债。在公司的债务构成中，相比商业信用，银行借款占据更为重要的地位。齐寅峰等（2005）通过对中国 210 家上市公司和 460 家非上市公司的问卷调查，发现经常使用银行借款的公司比率为 68.8%，明显高于商业信用、发行债券等其他融资方式。根据 Wind 数据库统计，自 2001 年到 2018 年，中国非金融类上市公司银行借款占总负债的比例平均值为 39.45%，中位数为 41.36%，银行借款依然是公司负债的最主要形式。然而，不同公司之间银行借款占总负债的比例又存在较大的差异，有些公司常年无银行借款（如宝利来，

000008；佛山照明，000541；中视传媒，600088；林海股份，600099；等等），而有些公司银行借款占总负债的比值常年在80%左右（如华锦股份，000059；华银电力，600744；亿晶光电，600537；等等），而同一公司在不同年份银行借款占总负债的比值也有较大变化（如仁和药业，000650；等等）。按照资本结构权衡理论假说，公司应该具有目标债务比例，那么，公司是否也存在目标银行借款比例？如果公司存在目标银行借款比例，公司实际的银行借款比例与理想值之间的偏离就会形成借款过多或借款不足。本书将公司实际银行借款与目标银行借款之间的差值定义为超额银行借款。综观现有文献，学术界尚缺少关于超额银行借款成因及其经济后果的系统性研究。

改革开放以来，相对于中国经济的高速增长，中国的金融体制改革略显滞后，目前仍然处于以间接融资为主体的大型国有控股银行主导型金融体系。大量的经验研究证实，由于大型国有控股银行占据银行信贷市场主要份额，金融机构存在对非国有企业的信贷歧视（Brandt and Li，2003；Allen et al.，2005；余明桂和潘红波，2008；邓路等，2014）。因此，在中国特有的制度背景下，产权性质提供了一个考察公司超额银行借款独特的研究视角。对于转型经济中微观主体行为的研究，制度环境是一项重要的决定因素（La Porta et al.，1998）。Booth et al.（2001）和Giannetti（2003）研究发现，在法律对债权人保护较好的国家，公司可以获得更多的债务融资。一个国家的法律体系、法律执行和产权保护越好，公司获得的长期债务融资越多（Demirgüç-Kunt and Maksimovic，1999）。超额银行借款作为公司一项融资决策，也必然会受到制度环境的影响。另外，货币政策作为核心的宏观经济政策之一，同样会对公司信贷规模变动产生重要影响（Kashyap et al.，1993；Kashyap and Stein，2000；Ashcraft，2006）。在货币政策紧缩期，相对于国有企业，非国有企业在银行信贷方面受到的冲击更大（叶康涛和祝继高，2009；饶品贵和姜国华，2013）。此外，从公司层面来看，商业银行在信贷投放时，更加关注公司的会计信息质量。Francis et al.（2005）和 Bharath et al.（2008）发现盈余质量越低的公司，债务融资成本越高。Watt（2003a，b）指出会计稳健性在债务合约中发挥重要作用，稳健的会计政策有利于保护债权人投资权益（姜国华和张然，2007）。

已有文献表明，债务契约有助于减少管理层可支配的自由现金流，规范公司的经营行为，债权人也有动机监督管理层，债务融资具有一定的治理作用（Jensen，1986；Harris and Raviv，1990；Shleifer and Vishny，1997）。公司公告银行借款时，股票市场会产生正向宣告效益（James，1987）。Rajan（1992）认为银行借款可以阻止公司作出错误的投资决策，并保持公司财务决策的灵活性。然而，也有实证研究发现过高的负债会导致公司负的业绩表现（Campello，2006；Billett et al.，2006）。关于债务契约的经济后果，由于不同学者采取的统计方法和研究样本的差异，研究结论也各不相同。基于中国特殊的制度环境，公司获得超额银行借款后是否会影响公司的资本配置效率？拥有超额银行借款公司未来是否会引起诉讼风险？对于上述研究命题的深入探究同样具有重要的理论及现实意义。

1.1.2　研究视角

本书拟围绕公司超额银行借款这一研究主题，从宏观环境、盈余质量等视角考察公司超额银行借款的影响因素，并进一步从资本配置效率和诉讼风险等维度检验公司超额银行借款的经济后果。系统研究并回答以下问题：

1. 不同所有制上市公司拥有的超额银行借款是否存在差异？宏观环境的变化是否会影响不同所有制公司超额银行借款行为？

2. 为什么盈余管理与公司超额银行借款正相关？金融市场化如何影响盈余管理与公司超额银行借款行为？

3. 公司超额银行借款会导致过度投资吗？对于非国有上市公司，哪些因素会加剧公司超额银行借款的过度投资行为？

4. 公司超额银行借款是否会引起诉讼风险？哪些因素会抑制公司超额银行借款引发的诉讼风险？

1.2 研究内容与研究意义

1.2.1 研究内容

本书的研究内容安排如图 1-1 所示。

第 1 章是绪论部分。本章主要包括本书的研究背景、研究视角、研究内容、研究意义以及研究创新等内容。

第 2 章是文献回顾。结合国内外相关研究现状，本章主要从三个方面对相关文献进行梳理和总结：资本结构的权衡理论及其动态调整；银行借款融资的影响因素；银行借款融资的经济后果。最后，对现有文献做了简要评价，并指出目前现有相关研究尚存在的不足之处。

第 3 章从宏观层面检验了上市公司超额银行借款的影响因素。本章首先考察不同所有制上市公司超额银行借款行为，在此基础上从制度环境、货币政策和金融危机等视角证实了宏观环境的改变会对公司持有超额银行借款产生不同影响。

第 4 章从微观层面检验了上市公司超额银行借款的影响因素。本章考察了盈余管理行为与公司超额银行借款之间的关系，同时结合金融市场化程度，检验应计盈余管理和真实盈余管理对公司超额银行借款的不同影响。

第 5 章研究了上市公司超额银行借款与过度投资之间的关系。本章首先考察了不同所有制上市公司超额银行借款的过度投资行为，进一步从管理者自利和产业政策视角检验非国有上市公司超额银行借款的过度投资行为。

第 6 章研究了上市公司超额银行借款与诉讼风险之间的关系。除了进行基本命题检验外，本章还从公司内部控制水平和地方法律环境能否抑制上市公司超额银行借款的诉讼风险进行了拓展检验。

第 7 章是结论部分。

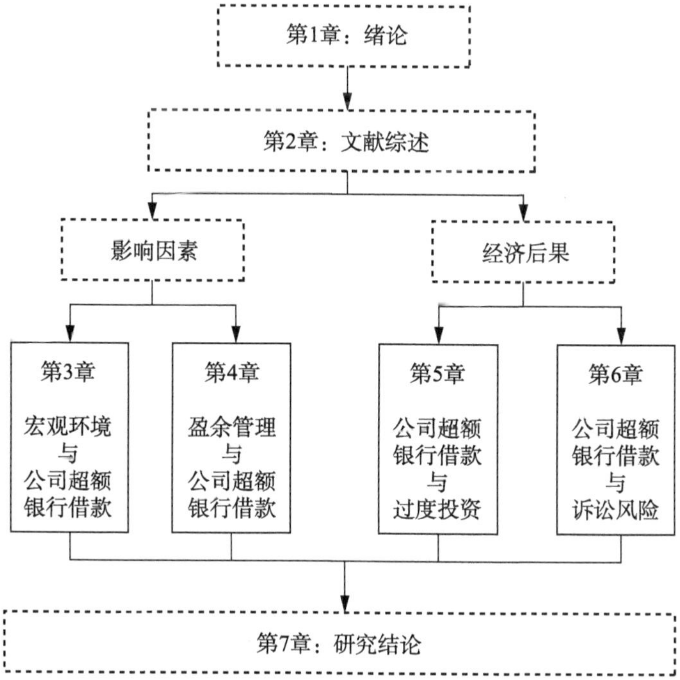

图 1-1　研究内容结构

1.2.2　研究意义

本书的理论意义主要体现在以下两个方面：

1. 从宏观层面和微观层面考察公司超额银行借款影响因素，拓展了公司财务权衡理论的研究视野。以往国内外学者研究资本结构权衡理论时主要关注最优资本结构及其动态调整，即使在研究债务融资时也仅是涉及债务期限结构、有息债务与商业信用依存关系等相关领域，而对债务融资中的超额银行借款较少涉及。本书以公司超额银行借款为主题，从制度环境、货币政策、会计信息质量等多视角考察公司超额银行借款成因，进一步拓展了公司财务权衡理论的研究视野。

2. 结合中国资本市场特殊的制度背景多维度检验公司超额银行借款经济后果，丰富了债务治理效应领域的研究范畴。银行借款作为公司最为重要的债务融资方式，其经济后果和治理效应目前学术界尚存在争议。本书立足中国特殊制度环境，系统考察公司超额银行借款在资本配置效率和诉讼风险等方面的经济后果，并按照产权性质加以区别研究。本书通过理论分析与实证检验多角度丰富债务治理效应领域的研究范畴。

本书的实践意义主要体现在以下三个方面：

1. 为公司合理选择银行借款规模优化资源配置提供实践依据。在目前的中国金融市场，银行信贷依然是公司可以获得的最重要债务融资工具。然而，不同产权性质公司以及不同类型公司获取银行借款的难易程度和规模存在较大差异。本书同时从宏观层面和微观层面系统考察公司超额银行借款影响因素，为各类公司基于多赢的基础上如何选择银行借款融资以实现公司价值最大化提供了实践依据。

2. 为投资者选择正确的投资对象提供现实依据。与欧美发达资本市场相比，中国股市的暴涨暴跌表明投资者普遍存在非理性，如何规避投资风险必然是投资者需要思考的首要问题。本书通过大量的理论分析和数据检验研究了上市公司超额银行借款的资本配置效率和诉讼风险，为投资者选择正确的投资对象提供了现实依据。

3. 为监管机构完善信贷管理制度提高监管效率提供决策依据。本书通过客观考察公司超额银行借款影响因素及其经济后果，一方面，为监管机构积极推进金融市场多层次发展、完善信贷投放对象与货币政策协调配合提供启示；同时，也为监管机构鼓励商业银行进行信贷模式创新、合理调剂信贷资源、切实增加对创业创新型中小企业贷款支持提供决策参考。

1.3 研究创新

本书可能的创新之处主要体现在以下两个方面：

1. 采用多种方法计量公司超额银行借款，同时从宏观和微观层面解释公司超额银行借款成因。本书参考权衡理论估算公司目标资本结构思路，同时采用回归分析法、动态调整法和行业均值法三种方法估算公司目标银行借款，在此基础上进一步计算公司超额银行借款。分别从制度环境、货币政策、金融危机、盈余质量等多视角考察公司超额银行借款成因，丰富了宏观环境与微观企业行为互动关系的研究。

2. 多维度检验公司超额银行借款经济后果，并从产权性质视角进行差异化解释。银行借款作为公司最为重要的债务融资方式，其经济后果和治理效应目前学术界尚存在争议。本书将以产权性质为切入点，并从资本配置效率和诉讼风险角度探究公司超额银行借款经济后果的传导路径，拓展中国制度背景下公司银行借款融资领域的研究视野。

第 2 章

文献回顾

与本书的研究主题相呼应，从国内外的研究现状来看，现有文献主要从资本结构的权衡理论及其动态调整、银行借款融资的影响因素、银行借款融资的经济后果等几个方面展开研究。

2.1 资本结构的权衡理论及其动态调整

在完美资本市场假设条件下，Modigliani and Miller（1958）最早提出了资本结构与公司价值无关的命题。然而，由于完美资本市场假设过于严格，后续研究不断放松假设前提，并将公司所得税、破产成本、代理成本等现实因素纳入资本结构的研究范畴，债务融资的节税优势和公司治理作用得到了广泛重视（DeAngelo and Masulis，1980；Jensen and Meckling，1976），公司债务融资是否存在最优规模成为关注的焦点。在此背景下，Kraus and Litzenberger（1973）和 DeAngelo and Masulis（1980）提出公司存在目标资本结构，非债务税盾（折旧、投资税减免）等是公司债务税盾的有效替代，随着公司非债务税盾的提高，债务融资动机有所下降，因此公司会在股权融资和债务融资二者之间进行权衡，寻找最优资本结构。后续学者 Titman and Wesseles（1988）、Rajan and Zingales（1995）、Graham（1996）等均提出公司存在目标或者最优资本结构。

既然公司存在目标资本结构，那么一旦公司的资本结构偏离最优资本结构时，公司是否会积极调整负债规模呢？Graham and Harvey

（2001）和 Drobetz and Wanzenried（2006）指出公司会动态调整自身的资本结构，期望达到目标资本结构。在后续的研究中，一方面，学术界从公司特征角度讨论公司资本结构的动态调整，Byoun（2008）构建了公司目标资本结构的决定模型，认为公司存在财务盈余（赤字）时，会积极调整资本结构；另一方面，宏观环境也是讨论目标资本结构的一个重要方面，Korajczyk and Levy（2003）考察了宏观经济条件对于公司目标资本结构的冲击，将样本分为融资约束组和非融资约束组，发现非融资约束组较少受到宏观经济形势的影响，而融资约束组公司的资本结构调整受制于宏观经济。Cook and Tang（2010）则进一步发现公司的资本结构调整速度在宏观经济形势较好时更快。此外，Öztekin and Flannery（2012）基于不同国家之间的制度差异，发现较好的制度环境降低了资本结构的调整成本，有利于公司快速达到目标资本结构。

目前国内对于资本结构的研究比较丰富，袁卫秋（2004）、吴联生和岳衡（2006）、邓剑琴和朱武祥（2006）均提出中国上市公司的资本结构符合静态权衡理论的观点。在随后的研究中，国内学者开始以资本结构动态调整为题讨论中国上市公司的财务行为，研究范畴更加宽泛。肖作平（2004）研究发现交易成本是影响中国上市公司资本结构选择的一个因素，但中国的交易成本小于美国、英国等发达国家。张志强和肖淑芳（2009）通过理论模型从节税收益和破产成本视角探讨最优资本结构。盛明泉等（2012）实证检验了中国国有企业面临的预算软约束对资本结构调整速度以及资本结构与目标资本结构之间偏离度的影响。姜付秀和黄继成（2013）研究发现 CEO 财务经历显著提高了公司的负债水平，加快了资本结构的调整速度，并降低了资本结构偏离目标的程度。

与此同时，也有学者从宏观经济和制度环境等视角进行了相关研究。赵冬青等（2008）检验了宏观调控对房地产上市公司资本结构的影响及其资本结构调整方式的变化。苏冬蔚和曾海舰（2009）实证研究发现中国上市公司的资本结构呈显著的反经济周期变化，宏观经济上行时，公司的资产负债率下降；而宏观经济衰退时，公司的资产负债率则上升；表明宏观经济状况是影响公司资本结构的重要因素。闵亮和沈悦（2011）进一步检验了宏观冲击对于融资约束程度不同的上市公司的资本结构动态调整方向及速度的影响。于蔚等（2012）探讨了政治关联缓解民营企业外部融资约束的微观作用机理。姜付秀和黄继承（2011）从资本结构的调整速度和实际资本结构偏离目标资本结构的程度两个方面，考察市场化程度及其变化对资本结构动态调整的影响。赵兴楣和王华（2011）研究了政府控制和制度环境与上市公司资本结构动态调整的关系。黄继承等（2014）实证研究发现法律环境与资本结构调整速度显著正相关，法律环境显著提高了企业通过增加或减少债务的方式来调整资本结构的可能性，而对权益调整方式的影响并不显著，这说明法律环境影响资本结构调整速度的主要路径是债务融资方式。

此外，产品市场竞争、资本市场、行为金融等也已成为研究资本结构动态调整的重要内容。刘志彪等（2003）检验了公司资本结构决策与其在产品市场上的竞争战略之间的关系。姜付秀等（2008）实证研究发现公司所在的产品市场竞争越激烈，公司资本结构偏离目标资本结构的幅度越小，在产品市场竞争强度趋向更加激烈时，资本结构表现出向目标资本结构接近的趋势。王正位等（2007）研究了资本结构调整速度以及由此所反映的资本市场摩擦程度。王正位等（2011）证实股票再融资管制政策的变更是影响上市公司资本结构的重要因素。王化成等（2013）从行为金融的损失规避视角探讨资本结构动态调整非对称性及其原因。

2.2 银行借款的影响因素

债务融资是公司资本结构的重要组成部分，其可以细分为银行借款、商业信用和公开市场债券融资三个组成部分（Chemmanur and Fulghieri，1994；Denis and Mihov，2003）。作为一种典型的有息债务，银行借款具有较低的监管成本和便利的协商条件，因此其在公司债务融资中占据的比例相对较大（Johnson，1997；齐寅峰等，2005）。

一般来说，银行借款的影响因素主要涵盖公司特征（Cooley and Quadrini，2006；Lin et al.，2013；祝继高等，2012）、制度环境（Booth et al.，2001；Giannetti，2003；Demirgüç-Kunt and Maksimovic，1999）和宏观经济形势（Kashyap et al.，1993；Kashyap and Stein，2000；Nilsen，2002；Ashcraft，2006）等方面，公司规模、固定资产比例、股权结构、法治发展水平、金融市场发育程度和货币政策等均会对公司的银行借款规模构成冲击。具体来讲，固定资产比例较大的公司，可抵押资产的规模相对较高，因此能获得较多的银行借款（Vig，2013）；公司治理因素对公司银行借款规模的影响并不显著，却会对公司的融资成本有显著影响，公司监事会规模越大，融资成本越低（姚立杰等，2010）；而金融市场越发达的地区，信贷资源越充足，银行借款的规模越大（徐玉德等，2011）；在货币政策紧缩期，相对于国有企业，非国有企业在银行信贷方面受到的影响更大（饶品贵和姜国华，2013）。

针对中国转轨经济的特殊发展阶段，也有学者研究发现产权性质（Allen et al.，2005）、政治关联（Li et al.，2008；张敏等，2010）等同样会影响公司的银行借款行为，国有企业和拥有政治关联的民营企业凭借自身天然的政策优势更易于获取银行借款。对于民营企业来说，在金融发展越落后、法治水平越低和政府侵害产权越严重的地区，政治关系的这种贷款效应越显著（余明桂和潘红波，2008）。另外，饶品贵和姜国华（2011）从会计稳健性的角度讨论了公司的信贷行为，发现在货币紧缩时期，会计政策越稳健的企业，银行借款的规模相对较大。

2.3 银行借款的经济后果

由于负债需要债务人定期向债权人支付一定的利息，有利于减少管理层可支配的自由现金流，降低了股东和管理层之间的代理问题，因此其具有一定的公司治理作用（Jensen，1986）。另外，债务契约也能够对管理层的行为进行约束（Harris and Raviv，1990），促使债权人在公司违约时充当大股东的角色，从而起到积极的公司治理效应（Shleifer and Vishny，1997）。债务融资的市场反应（James，1987；Lummer and McConnel，1989）、对公司投资的冲击（Jensen and meckling，1976；Myers，1977；Lyandres and Zhdanov，2014）和对公司经营业绩的影响（Lang et al.，1996；Campello，2006；Billett et al.，2006）成为研究债务融资经济后果的主要方向。对于银行借款这一典型的负债融资方式，围绕其经济后果的研究目前学术界并没有得到一致结论。James（1987）、Lummer and McConnel（1989）证实银行借款宣告会产生正向的市场反应。然而，Billett et al.（2006）考察银行借款后公司的长期业绩表现，发现银行借款和公司的消极市场表现存在相关性，其市场表现甚至差于股票发行。Campello（2006）进一步发现负债对公司未来业绩的影响呈现非线性关系，过高的负债将导致低的公司业绩。Shibata and Nishihara（2015）研究发现市场债务和银行债务存在替代关系，债务发行能够缓解公司投资和公司价值之间的扭曲行为，债务发行限制能够有效降低债务违约风险。

在中国目前的金融体系中，银行类金融机构占据重要地位，资本市场缓解融资约束的功能尚未充分发挥，银行借款依然是公司融资的重要来源。但是，由于中国的商业银行大多由政府控制，信贷资源的分配效率依然较低，因此对于银行借款获取后公司经济后果的讨论成为一项重要的研究内容。从投资行为看，王鲁平等（2011）实证研究发现银行借款与企业投资行为呈显著的负相关关系，不同期限银行借款对企业投资行为的影响不一致，杠杆治理作用主要由长期银行借款来体现，银行借款财务杠杆的治理效应在非国企中发挥更好。黄乾富和沈红波（2009）检验了中国制造业上市公司债务对过度投资的约束作用，证实债务比例与企业过度投资支出之间呈现显著的负相关关系，在债务来源方面，商业信用由于存在再融资约束，能够对企业的过度投资行为产生约束作用，而银行借款由于受到政府干预使其对企业过度投资行为缺少约束作用。从经营绩效看，祝继高等（2009）以上市公司披露的长期借款信息为研究对象进行实证检验，发现银行作为中介机构具有一定的信息优势，银行借款信息能够预测公司未来的财务业绩。张敏等（2010）考察了政治关联对民营企业信贷资源配置效率的影响，研究结果表明，虽然政治关联企业更易于获得长期贷款，但获得贷款后它们更容易进行过度投资，而且贷款对政治关联企业的价值产生了负面影响，这一结果说明政治关联对信贷资源配置效率有着显著的负面影响。此外，银行借款的信贷配置效率也会受到宏观经济形势的影响。饶品贵和姜国华（2013）发现货币政策紧缩期信贷资金的边际增加将导致企业业绩下一年度有更好的表现和更高的增长，而这种关系主要体现在非国有企业。

2.4 对现有文献的简要评价

综观国内外已有的研究文献，围绕最优资本结构和公司银行借款动因及经济后果相关领域已经取得了一系列具有理论意义和实践价值的学术成果，这是立足中国制度背景开展研究的良好开端，为我们进行后续研究提供了有益启示。诚然，现有研究还存在以下几点不足：

1. 目前基于权衡理论的最优资本结构问题已经引起学术界的广泛关注，但现有文献较多关注资本结构的动态调整，尚未深入讨论公司超额负债存在性及其动因，也没有关注到公司超额银行借款的影响因素。结合产权性质深入研究公司超额银行借款行为有助于扩展中国制度背景下公司资本结构领域研究内容。

2. 虽然目前已有较多文献考察公司银行借款融资动机，但由于不同学者研究视角不同，得出的研究结论缺乏普遍性。现有研究缺少在一个统一的框架内系统研究公司超额银行借款影响因素，特别是同时结合宏观层面和微观层面的相关研究不足。

3. 目前已有研究仅是直接考察公司银行借款后的经营业绩及市场表现，而对于为何会出现不同的财富效应缺少对其内在机理的探究，深入分析影响公司银行借款经济后果的传导路径可以进一步丰富债务治理效应领域的研究成果，现有研究在上述领域存在改进的空间。

第3章

宏观环境与公司超额银行借款

3.1 引言

自 Modigliani and Miller（1958）提出完美资本市场假设下资本结构与公司价值无关的命题以来，资本结构便成为公司财务领域最为核心的研究议题之一。后续学者不断放松完美资本市场假设条件，考虑到公司和个人所得税、破产成本、代理成本以及非债务税盾等因素，提出了基于最优资本结构的权衡理论（Kraus and Litzenberger，1973；DeAngelo and Masulis，1980；Jensen，1986）。Graham and Harvey（2001）调查表明 80%以上的样本公司进行债务融资决策时会考虑公司的目标债务权益比。当资本结构偏离目标值时，公司可以通过调整自身的负债权益比例，使其接近目标资本结构（Harford et al.，2009）。然而，在现实中，由于各种因素所限，公司实际债务比例往往和最优债务比例之间存在着偏离（Flannery and Rangan，2006；Titman and Tsyplakov，2007），进而形成公司的超额负债（或负债不足）。

在公司的债务构成中，相比商业信用，银行借款占据更为重要的地位。根据 Wind 数据库统计，自 2001 年到 2018 年，中国非金融类上市公司银行借款占总负债的比例平均值为 39.45%，中位数为 41.36%，银行借款依然是公司负债的最主要形式。按照资本结构权衡理论假说，公司应该具有目标债务比例，那么，公司是否也存在目标银行借款比例？如果公司存在目标银行借款比例，公司实际的银行借款比例与理想值之间的偏离就会形成借款过多或借款不足。综观现有文献，学术界尚缺少关于超额银行借款成因的系统性研究。

改革开放以来，相对于中国经济的高速增长，中国的金融体制改革略显滞后，目前仍然处于以间接融资为主体的大型国有控股银行主导型金融体系。大量的经验研究证实，由于大型国有控股银行占据银行信贷市场主要份额，金融机构存在对非国有企业的信贷歧视（Brandt and Li，2003；Allen et al.，2005；邓路等，2014）。因此，在中国特有的制度背景下，所有制性质提供了一个考察公司超额银行借款的独特研究视角。基于此，本章首先从公司所有制视角研究公司超额银行借款行为，并提出第一个研究主题：不同所有制上市公司拥有的超额银行借款是否存在差异？

对于转型经济中微观企业财务行为的研究，制度环境是一项重要的决定因素（La Porta et al.，1998）。Booth et al.（2001）和 Giannetti（2003）研究发现，在法律对债权人保护较好的国家，公司可以获得更多的债务融资。一个国家的法律体系、法律执行和产权保护越好，公司获得的长期债务融资越多（Demirgüç-Kunt and Maksimovic，1999）。超额银行借款作为公司一项融资决策，也必然会受到制度环境的影响。另外，货币政策作为核心的宏观经济政策之一，同样会对公司信贷规模变动产生重要影响（Kashyap et al.，1993；Kashyap and Stein，2000；Ashcraft，2006）。在货币政策紧缩期，相对于国有企业，非国有企业在银行信贷方面受到的冲击更大（叶康涛和祝继高，2009；饶品贵和姜国华，2013）。此外，2007 年由美国次贷危机引发的全球性金融风暴，对世界经济产生了巨大的影响，尤其值得注意的是，此次金融危机主要从供给端对商业银行的信贷行为构成了冲击（Ivashina and Scharfstein，2010；Becker and Ivashina，2014），从而为研究外生事件对微观企业财务行为的影响提供了自然实验的机会（Almeida et al.，2012）。基于此，本章研究的第二个主题是：宏观环境的变化是否会影响不同所有制公司超额银行借款行为?

3.2 理论分析与研究假设

中国的金融市场脱胎于转轨经济，具有与欧美成熟市场不同的阶段性特征，虽然近年来中国资本市场得到快速发展，但目前仍然处于以间接融资为主体的大型国有控股银行主导型金融体系。以往的经验研究发现，由于国有企业和国有控股银行之间的天然政治关联，金融机构存在对非国有企业的信贷歧视（Brandt and Li，2003；Allen et al.，2005），而对国有企业却愿意提供相对更多的银行贷款和更长的贷款期限（江伟和李斌，2006；方军雄，2007）。关于国有企业可以获得更多银行贷款的成因，现有研究主要从以下几个维度进行了分析：

首先，国有控股银行对国有企业存在“意识形态偏好”。虽然伴随商业银行的股份制改革，政府对国有银行的控制权在逐渐减少，但中国的银行体系依然由大型国有控股银行所主导（Allen，2005）。国有控股银行从意识形态的偏好上倾向于向政府控制的企业贷款，并且向国有企业贷款还有可能获得额外好处，例如国有企业可以为国有银行管理者提供政治收益，而这些额外收益无法通过向非国有企业贷款获得（Brandt and Li，2003）。商业银行为了达到政治、意识形态或者个人目标会牺牲利润，而中国银行体系缺乏市场化竞争的环境使得国有控股银行的上述行为得以维持。

其次，政府干预的存在也会帮助国有企业获得更多的银行借款。一方面，政府干预会让国有企业承担较多的政治目标，为了实现相关政治和社会目标，政府会使国有企业承担相关的政策性负担（Shleifer and

Vishny，1994；曾庆生和陈信元，2006）。而政府为了补贴企业的政策性亏损以及保障国有企业相关投资项目能够顺利完成，会干预商业银行对国有企业提供较多的政策性贷款和信贷资金支持（林毅夫等，2004）。另一方面，当国有企业发生债务违约时，政府会利用财政资源或者其他国有企业的资金来帮助其偿还债务，而非国有企业则得不到类似帮助。由于政府会为国有企业提供隐性担保，使得商业银行更愿意向其提供贷款。余明桂和潘红波（2008）实证研究发现，政府干预程度越高，国有企业获得的银行贷款越多。

再者，信贷配给产生的根本原因源于信贷市场的信息不对称（Stiglitz and Weiss，1981）。银行在做信贷决策时，为了解决信息不对称，会对借款者的禀赋特征进行考察，进而识别和度量贷款风险，筛选信用较好的贷款者。国有企业一般经营时间较长，银行拥有较好的渠道来获取国有企业信用信息，在对国有企业进行资质考察、信用评价时，所需花费的信息成本较低；而非国有企业由于经营不稳定、财务状况不透明以及缺少充足抵押物等先天不足使其难以提供银行所需信息，由此造成银行对非国有企业的“信贷歧视”。由于国有控股银行的信贷资金配置不仅关系国民经济的发展，更关乎国家经济金融的稳定安全，政府在对国有控股商业银行考核时，也特别关心银行的信贷资产安全性，对国有控股银行的经营范围以及不良资产的管理有更高的规避风险的要求（梁琪和余峰燕，2014）。出于自身利益以及政府考核要求，国有控股商业银行具有天然的谨慎性，在配置资金时自然把安全性放在首要位置，优先为国有企业提供信贷资金成为其自然选择。

一方面，商业银行愿意为国有企业提供更多的银行借款，同时，国有企业管理者也希望获得更多的银行借款以满足自身利益需求。由于国有企业所有者缺位，不能形成对管理者的有效监督，以及国有企业管理者基本不持有公司股份，股东与管理者的代理问题在国有企业中较为严重，同时，由于薪酬管制的存在，国有企业管理者便希望获得更多的自由现金流进行在职消费、过度投资等行为来为自身谋求非货币性福利（Jensen，1986），在商业银行对国有企业监督较弱的背景下，国有企业管理者便可以通过获得超额银行借款以增加自身可以支配的自由现金流。已有研究表明，虽然国有企业承担了较多的政策性负担，使其对银行借款的需求增多，但同时，较多的政策性负担也会增加国有企业管理层的在职消费行为（姜付秀等，2014）；另一方面，国有企业管理者偏向于政府官员的身份使其具有政治晋升的需求，该需求也会使其希望获得更多的超额银行借款来进行更多的形象工程建设和过度投资行为（许年行和罗炜，2011；郑志刚等，2012），国有企业“规模导向型”的发展方式使得政治晋升机会较高的高管倾向于选择公司并购成长方式，并且并购交易中的支付溢价较高（陈仕华等，2015）。通过以上分析，本章提出如下假设：

H1：相比于非国有上市公司，国有上市公司拥有更多的超额银行借款。

自 La Porta et al.（1998）开创了“法与金融”的研究以来，大量学者开始关注包括法律在内的制度环境对公司理财行为的影响。一系列相关研究表明，好的法律保护和制度环境，可以让公司更加依赖外部资本市场筹集资金（La Porta et al.，1997；La Porta et al.，2002）。然而，中国制度环境的不完善制约着金融体系的发展，进而对公司的融资行为产生影响。如前所述，政府干预、金融体系不发达等制度因素是导致国有企业和非国有企业银行借款差异的重要原因。并且，制度环境的不完善更多的限制着非国有企业获取银行信贷资金。一个国家或地区制度环境的改善可以通过建立有效的法律机制，提供廉洁高效的公共治理，发挥市场在资源配置中的作用等路径增加经济资源的分配效率。

有关中国法治和金融发展的研究表明，加强法治有助于提高私有部门获得的银行贷款份额（卢峰和姚洋，2004）。对于制度环境较好的地区，有效的法律机制可以增强和保障商业合同的执行，此外，由于法律的规范和限制，政府官员对银行信贷决策的干预会受到一定程度的约束，非国有企业的产权受到更多的保护，其未来面临的经营风险在一定程度上减小，非国有企业的银行贷款能力将显著提高（江伟和李斌，2006）。另外，政府对企业和经济资源分配干预减少使得政府逐渐从竞争性的投资领域中退出，将其交给市场完成，各类资源在国有企业和非国有企业间更合理地分配；政府对企业干预的减少，行政权力在有监督制约的环境下行使，可以有效减少政府工作人员滥用职权向企业寻租，减少企业额外负担，尤其是非国有企业，这将显著增加非国有企业的经营能力和竞争力，有利于其获得更多的银行借款；同时，政府干预的减少可以在一定程度上减轻国有企业的政策性负担，同时也使得国企高管的“政治人”特性减弱，弱化国企高管获得超额银行借款进行在职消费和过度投资的动机。此外，随着金融体制市场化改革的不断深入，银行逐渐由政策性工具转变为遵循市场化规则的自主经营的商业实体，商业银行受政府干预的贷款行为减少，银行的自主谈判权增加，自负盈亏的激励使商业银行更多地追求自身经营报酬的最大化（孙亮和柳建华，2011），银行对企业的监督力度增强，这将弱化国有企业通过获得超额银行借款增加自由现金流的动机；非国有金融机构的发展也将弱化国有银行在金融系统的主导地位，银行体系对于国有企业的“意识形态偏好”减弱，非国有企业的贷款渠道增加；同时，银行为应对日益增加的来自国内外同业的竞争，也有动机对成长前景更好的非国有企业进行深入分析，并逐步减少所有制歧视，放宽非国有企业的贷款要求（方军雄，2007）。基于以上分析，本章提出如下假设：

H2：随着制度环境的改善，国有上市公司和非国有上市公司之间的超额银行借款差异减少。

学术界普遍认为货币政策会通过多种渠道对宏观和微观实体经济产生影响，信贷渠道则是货币政策传导的重中之重（Bernanke and Blinder，1992）。货币政策的变动会直接作用于银行的信贷资产总量，进而影响银行贷款配置。Kashyap et al.（1993）通过考察美国银行信贷、短期融资券市场与美联储货币政策的相关性，研究发现紧缩的货币政策会减少商业银行贷款供给。在货币政策紧缩期，银行的可贷资金有限，在信贷资金相对稀缺的情况下，国家对银行业的垄断意味着更多的信贷资金将按照国家的意愿进行配置（李青原等，2010）。为了实现稳定就业与保障经济可持续增长，并且劳动密集型企业多为国有企业，政府便有较强的动机对国有企业提供保护，从而使得银行的信贷资金更多地配置给国有企业，服从于政治目标（叶康涛和祝继高，2009；白俊和连立帅，2012）。同时，在货币政策紧缩期，银行与公司之间的信息不对称程度增大，银行作为债权人更加关注信贷资金的安全，选择贷款对象的空间更大，信贷决策也会更加谨慎，更愿意将有限的信贷资金配置给政府可以提供隐性担保的国有企业，从而规避银行自身的贷款风险。

国内学者的相关研究也证实了在货币政策紧缩期，国有企业和非国有企业受到银行不同的信贷待遇会更为明显。陆正飞等（2009）研究发现并不是所有公司的信贷融资渠道都会因为银根紧缩而受到严重限制，只有民营上市公司的负债增长率在货币政策紧缩期明显放缓，尤其是长期借款增长率，而同期国有上市公司的长期借款依然保持较快增长。饶品贵和姜国华（2013）研究表明在货币政策紧缩期，非国有企业面临更为严重的信贷歧视行为，与国有企业相比，其在银行信贷方面受到的冲击更大，并有动机选择商业信用作为替代性融资。基于以上分析，本章提出如下假设：

H3：在货币政策紧缩期，国有上市公司和非国有上市公司之间超额银行借款的差异增大。

2007 年下半年由美国次级抵押贷款市场爆发的金融危机给全球各个主要经济体带来了巨大冲击，尤其值得注意的是，此次金融危机主要从供给端对商业银行的信贷行为构成了冲击（Ivashina and Scharfstein，2010；Becker and Ivashina，2014）。在金融危机期间，由于整体经济环境的不稳定，银行较难判断公司未来的经营能力和偿债能力，为了规避风险，银行放贷行为会更加谨慎，贷款意愿也会有所下降（Puri et al.，2011；Acharya and Merrouche，2013）。Ivashina and Scharfstein（2010）利用美国银行贷款数据分析表明，2008 年第四季度银行的新增贷款相比于前一季度下降了 47%，相比于 2007 年第二季度下降了 79%。同样，中国人民银行发布的《金融统计数据报告》显示，2008 年 8 月末，金融机构人民币各项贷款余额增幅比上月末低了 0.29 个百分点，当月人民币新增贷款同比少增了 313 亿元。金融危机期间，以商业银行为代表的金融机构往往由于对贷款者偿债能力的担忧而实施更加保守的信贷政策，信贷配给现象会更加严重。在整个信贷市场萎缩的情况下，有限的信贷资金将会在不同产权性质的企业之间不均匀分配。

在新兴市场国家，国有银行的安全性对一国金融系统稳定具有重要意义。在目前中国的银行体系依然由大型国有控股银行所主导的背景下，政府对银行的经营范围和不良资产的管理有更高的规避风险要求，在不以利润最大化为唯一目标的机制激励下，国有控股银行会选择相对保守的信贷策略，这种策略会使得银行在金融危机期间倾向于向安全性较好的国有企业优先提供信贷支持（梁琪和余峰燕，2014）。另外，面对金融危机，政府为了社会经济稳定，会利用其所控制的资源分配能力来恢复经济的正常发展，国有控股银行也有动机为防止经济大幅波动倾向于推行逆周期的信贷政策。2008 年，中国政府为了应对金融危机，实施了 4 万亿元的经济刺激计划和十大产业振兴规划，在全球范围内率先实现了经济的企稳复苏。由于政府的大规模投资计划主要是由国有企业负责完成，而为了配合投资计划顺利实施，政府也会干预银行给国有企业更多的信贷支持。基于以上分析，本章提出如下假设：

H4：在金融危机期间，国有上市公司和非国有上市公司之间超额银行借款的差异增大。

3.3 研究设计

3.3.1 样本选取与数据来源

本章的研究样本选定为 2002—2018 年中国资本市场 A 股上市公司。由于需要利用上市公司上一年度相关财务数据估计本年度目标银行借款，因此我们根据 2001 年的财务数据估算 2002 年公司超额银行借款，并以此类推。根据以往的研究惯例，在样本的选择过程中，我们按照以下条件进行筛选：①剔除金融类上市公司；②剔除财务数据缺失的上市公司；③剔除总资产或所有者权益为负的上市公司；④剔除 ST 类上市公司；⑤剔除当年 IPO 上市公司。由于本章在研究金融危机对不同所有制公司超额银行借款差异的影响时采用季度数据，因此本章的样本分为年度与季度两个部分，其中，年度样本共计 25556 个观测值，季度样本共计 6350 个观测值。为了控制极端值的影响，我们在 1%水平下对公司层面的所有连续变量进行缩尾处理。本章的主要数据来源为 CSMAR 数据库，货币政策相关数据来自中国人民银行网站。

3.3.2 变量选取与模型设定

本章主要研究中国资本市场不同所有制公司所拥有的超额银行借款的差异，以及这种差异在不同宏观环境下的变化。因此，需要首先确定公司超额银行借款的计算方法、制度环境的度量指标以及货币政策紧缩期和金融危机期间的确定方法。

1. 公司超额银行借款的度量

本章将公司实际银行借款与目标银行借款之间的差值定义为公司超额银行借款。因此，计算公司超额银行借款之前需要估算公司目标银行借款。为了保证研究结论的稳健性，我们选用三种方法来估算公司目标银行借款，具体方法如下：

（1）回归分析法

参考 Titman and Wessels（1988）、Flannery and Rangan（2006）、陆正飞和杨德明（2011）等关于公司目标资本结构的估计方法，在控制影响公司资本结构的主要因素后，对样本期内所有观测点进行回归估计系数值，再根据公司 $t-1$ 年影响公司资本结构因素的值估计 t 年公司目标资本结构。通过估计目标资本结构进而测算目标负债，再根据目标负债计算公司目标银行借款。目标资本结构的基本回归模型如下：

$$OCS_{i,t}=\alpha_0+\alpha_1 Size_{i,t-1}+\alpha_2 Tang_{i,t-1}+\alpha_3 Ndts_{i,t-1}+\alpha_4 Liquidity_{i,t-1}+\alpha_5 Unique_{i,t-1}+\alpha_6 Growth_{i,t-1}+\alpha_7 MB_{i,t-1}+\alpha_8 ROE_{i,t-1}+\alpha_9 Cashholding_{i,t-1}+\alpha_{10} Risk_{i,t-1}+\alpha_{11} Age_{i,t-1}+\alpha_{12} Dividend_{i,t-1}+\alpha_{13} Industry+\alpha_{14} Year+\varepsilon_{i,t-1} \tag{3.1}$$

其中，*OCS* 表示公司目标资本结构。参考已有研究文献，选取公司规模（*Size*）、资产结构（*Tang*）、非债务税盾（*Ndts*）、资产流动性（*Liquidity*）、产品独特性（*Unique*）、营业收入增长率（*Growth*）、市值账面比（*MB*）、净资产收益率（*ROE*）、现金持有水平（*Cashholding*）、经营风险（*Risk*）、公司年限（*Age*）、是否发放现金股利（*Dividend*）以及行业（*Industry*）和年份（*Year*）等控制变量。

根据公司目标资本结构，可以推导出公司目标负债：

$$ODebt_{i,t} = OCS_{i,t} \times Asset_{i,t} \tag{3.2}$$

其中，*ODebt* 表示公司目标负债，*Asset* 表示公司总资产。

根据公司目标负债，可以推导出公司目标银行借款：

$$OLoan_{i,t} = \frac{ODebt_{i,t} - QDebt_{i,t}}{Asset_{i,t}} \tag{3.3}$$

其中 *QDebt* 表示剔除银行借款后的公司其他负债的目标值，以公司所在行业其他负债类科目的中位数来估计。

（2）动态调整法

参考 Flannery and Rangan（2006）、姜付秀和黄继承（2011）等关于资本结构动态调整方法，设定公司银行借款的动态调整模型：

$$Loan_{i,t} - Loan_{i,t-1} = \lambda(OLoan_{i,t} - Loan_{i,t-1}) + \delta_{i,t-1} \tag{3.4}$$

其中，*Loan* 表示公司实际银行借款，*OLoan* 表示公司目标银行借款，由 $t-1$ 年影响公司银行借款的因素值所确定，即：

$$OLoan_{i,t} = \beta X_{i,t-1} \tag{3.5}$$

将模型（3.5）代入模型（3.4）并化简可以得到：

$$\begin{aligned} Loan_{i,t} &= (\lambda\beta) X_{i,t-1} + (1-\lambda) Loan_{i,t-1} + \delta_{i,t-1} \\ &= \alpha_1 X_{i,t-1} + \alpha_2 Loan_{i,t-1} + \delta_{i,t-1} \end{aligned} \tag{3.6}$$

对比系数可以得到 $\lambda = 1 - \alpha_2$。因此，可以得到银行最优借款的模型：

$$OLoan_{i,t} = \beta X_{i,t-1} = (\alpha_1 X_{i,t-1}) / (1 - \alpha_2) \tag{3.7}$$

参考 Demirgüç-Kunt and Maksimovic（1999）、Booth et al.（2001）、

叶康涛和祝继高（2009）等研究银行借款影响因素的相关文献，选取公司规模（*Size*）、资产结构（*Tang*）、资产流动性（*Liquidity*）、营业收入增长率（*Growth*）、市值账面比（*MB*）、净资产收益率（*ROE*）、经营活动现金净流量（*CFO*）、资产负债率（*Lev*）、商业信用（*TC*）、经营风险（*Risk*）、公司年限（*Age*）、是否发放现金股利（*Dividend*）、是否发行公司债券（*Bond*）、是否股权再融资（*SEO*）以及行业（*Industry*）和年份（*Year*）等控制变量。即模型（3.6）具体为：

$$Loan_{i,t}=\beta_0+\beta_1 Size_{i,t-1}+\beta_2 Tang_{i,t-1}+\beta_3 Liquidity_{i,t-1}+\beta_4 Growth_{i,t-1}+\beta_5 MB_{i,t-1}+\beta_6 ROE_{i,t-1}+\beta_7 CFO_{i,t-1}+\beta_8 Lev_{i,t-1}+\beta_9 TC_{i,t-1}+\beta_{10} Risk_{i,t-1}+\beta_{11} Age_{i,t-1}+\beta_{12} Dividend_{i,t-1}+\beta_{13} Bond_{i,t-1}+\beta_{14} SEO_{i,t-1}+\beta_{15} Industry+\beta_{16} Year+\alpha_2 Loan_{i,t-1}+\varepsilon_{i,t-1} \tag{3.8}$$

我们根据公司 t 年及 $t-1$ 年的实际银行借款以及影响公司银行借款变量的值，按照模型（3.8）进行回归得到系数 α_2，并将模型（3.8）中 $\alpha_1 X_{i,t-1}$ 整体代入模型（3.7）计算公司的目标银行借款。

（3）行业均值法

Scott and Martin（1975）、DeAngelo and Masulis（1980）、姜付秀和刘志彪（2005）等研究发现，不同行业公司资本结构（债务比例）差异较大，行业均值法计算公司目标银行借款的核心思想是采用经资产加权平均后的行业平均银行借款确定为公司的目标银行借款。模型如下：

$$OLoan_{i,t}=\frac{\sum_{i=1}^{n}(Loan_{i,t}\times Asset_{i,t})}{\sum_{i=1}^{n}Asset_{i,t}} \tag{3.9}$$

根据以上三种方法估算出公司的目标银行借款后，用公司当年实际银行借款减去估计出的目标银行借款，便可得到公司超额银行借款。模型如下：

$$ELoan_{i,t}=Loan_{i,t}-OLoan_{i,t} \tag{3.10}$$

其中，*ELoan* 表示公司超额银行借款。

2. 制度环境的度量

参考余明桂和潘红波（2008）、罗党论和唐清泉（2009）、邓路等（2014）等的做法，采用目前被广泛使用的樊纲等（2011）和王小鲁（2017）编制的中国各地区的市场化指数体系中的相关指标来度量地区的制度特征（*Institution*）。首先我们选择市场化指数（*Market*）来度量各地区的综合市场化程度，其次，我们还选择了法律制度环境（*Law*）、金融市场发达程度（*Finance*）以及政府干预程度（*Gov*）三项分指标来进一步刻画各地区的制度特征。对于 2003—2007 年的样本，我们使用樊纲等（2011）的市场化指数来度量各地区的综合市场化程度。对于 2008—2014 年的样本，我们使用王小鲁等（2017）的市场化指数来度量各地区的综合市场化程度。由于王小鲁等（2017）的指标只到 2014 年，我们对于 2015—2018 年的数据根据以前年度该指数的增长趋势推算。

3. 货币政策紧缩期的确定

参考 Romer and Romer（1990）等的做法，本章设立货币政策紧缩年度虚拟变量。参考陆正飞和杨德明（2011）的做法，本章用以下模型计算货币政策紧缩程度：

$$MP=M2\text{ 增长率}-GDP\text{ 增长率}-CPI\text{ 增长率} \tag{3.11}$$

若某一年度 *MP* 值小于样本期内 *MP* 中位数，则该年度将被定义为货币政策紧缩年度，否则该年度被定义为货币政策非紧缩年度。按照模型（3.11）计算出来的 *MP* 值，其中小于中位数的 9 年为 2004 年、2006 年、2007 年、2008 年、2009 年、2011 年、2014 年、2017 年、

2018 年，将这些年度定义为货币政策紧缩年度，其余定义为货币政策非紧缩年度。

4. 金融危机期间的确定

参考 Duchin et al.（2010）、祝继高等（2012）等的做法，设定 2008 年第四季度到 2009 年第三季度为金融危机期间，2007 年第四季度到 2008 年第三季度为非金融危机期间，采用季度数据分析。本章设定金融危机 *Crisis* 虚拟变量，若观测窗口处于金融危机期间，则 *Crisis* 取 1；反之取 0。

5. 模型设定

为了检验不同所有制公司超额银行借款差异，本章建立回归方程如下：

$$ELoan_{i,t}=\alpha_0+\alpha_1 State_{i,t}+\alpha_i Control_{i,t}+\varepsilon_{i,t} \tag{3.12}$$

其中，*ELoan* 为公司超额银行借款代理变量（*ELoan*1 采用回归分析法估计，*ELoan*2 采用动态调整法估计，*ELoan*3 采用行业均值法估计）；*State* 为公司所有制代理变量（虚拟变量，若公司终极控制人为国有股东性质，则取值为 1，否则为 0）。此外，参考已有相关文献，还设置若干个控制变量，具体包括公司规模（*Size*）、市值账面比（*MB*）、资产结构（*Tang*）、营业收入增长率（*Growth*）、净资产收益率（*ROE*）以及年份（*Year*）和行业（*Industry*）等。

为了考察宏观环境的改变对不同所有制公司持有超额银行借款的影响，本章将待检验的回归方程设定为：

$$\begin{aligned}ELoan_{i,t}=\;&\alpha_0+\alpha_1 Institution_{i,t}(MP_{i,t}/Crisis_{i,t})+\alpha_2 State_{i,t}+\alpha_3 State_{i,t}\times\\&Institution_{i,t}(State_{i,t}\times MP_{i,t}/State_{i,t}\times Crisis_{i,t})+\alpha_i Control_{i,t}+\varepsilon_{i,t}\end{aligned} \tag{3.13}$$

其中，*Institution* 为制度环境代理变量，*MP* 为货币政策代理变量，

Crisis 为金融危机代理变量。被解释变量及控制变量与模型（3.12）相同。

表 3-1 列示了主要变量具体定义。

表 3-1 主要变量定义

变量符号	变量名称	变量定义
Eloan	超额银行借款	实际银行借款-目标银行借款
Loan	实际银行借款	（长期借款+短期借款+一年内到期的长期借款）/总资产
Oloan	目标银行借款	三种方法估计值
OCS	目标资本结构	按文中模型回归得到
Size	公司规模	总资产的自然对数
Tang	资产结构	（固定资产+存货）/总资产
Ndts	非债务税盾	累计折旧/总资产
Liquidity	资产流动性	流动资产/流动负债
Unique	产品独特性	（销售费用+管理费用）/营业收入
Growth	营业收入增长率	[*t* 年营业收入-（*t*-1）年营业收入]/（*t*-1）年营业收入
MB	市值账面比	（总负债+总股本×股票年末收盘价）/总资产
ROE	净资产收益率	净利润/股东权益
Cashholding	现金持有水平	现金及现金等价物/总资产
Risk	经营风险	样本期间内（营业利润/营业总收入）的标准差
Age	公司年龄	公司成立年限
Dividend	现金股利	虚拟变量，若公司当年发放现金股利，取值为 1，否则为 0
Industry	行业	虚拟变量
Year	年份	虚拟变量
ODebt	公司目标负债	按文中模型计算得出
QDebt	公司其他负债目标值	剔除银行借款的公司其他负债的行业中位数
CFO	经营活动现金净流量	经营活动产生的现金流量净额/总资产
Lev	资产负债率	总负债/总资产

续表

变量符号	变量名称	变量定义
TC	商业信用	(应付账款+应付票据+预收账款-应收账款-应收票据-预付账款)/总资产
Bond	公司债券	虚拟变量，若公司当年发行公司债券，取值为1，否则为0
SEO	股权再融资	虚拟变量，若公司当年进行股权再融资，取值为1，否则为0
Market	市场化指数	樊纲等（2011）和王小鲁（2017）编制的中国市场化指数中的各地区市场化进程总得分
Law	法律制度环境	樊纲等（2011）和王小鲁（2017）编制的中国市场化指数中的相关指标
Finance	金融市场发达程度	樊纲等（2011）和王小鲁（2017）编制的中国市场化指数中的相关指标
Gov	地区政府干预程度	樊纲等（2011）和王小鲁（2017）编制的中国市场化指数中的相关指标
State	产权性质	虚拟变量，若公司实际控制人为国有控股，则取值为1，否则为0
MP	货币政策紧缩年度	虚拟变量，由当年（*M2*增长率-*GDP*增长率-*CPI*增长率）计算得出，若该值小于样本期间中位数，则定义为货币政策紧缩年度，取值为1，其他年度取值为0
Crisis	金融危机	虚拟变量，若样本处于2008年第四季度到2009年第三季度期间，则取值为1，否则为0

3.4 实证检验结果

3.4.1 描述性统计及单变量检验

表3-2的Panel A是主要变量的描述性统计，可以看出，中国上市公司普遍存在超额银行借款现象，并且不同公司之间的超额银行借款水

平存在较大差异。其中，用回归分析法和动态调整法计算出的公司超额银行借款均值在 22%和 12%左右。表 3-2 的 Panel B 列示了不同所有制公司超额银行借款差异比较，分别采用三种不同方法计算公司超额银行借款，无论是均值差异检验还是中位数差异检验，国有上市公司的超额银行借款都显著多于非国有上市公司，这与我们的假设 1 预期一致。进一步，我们检验了超额银行借款为正（*Eloan*>0）的样本中超额银行借款在不同所有制公司之间是否存在显著差异，结果列于 Panel C，可以看出，无论是均值还是中位数，使用三种不同方法计算出的超额银行借款在国有上市公司中均显著多于非国有上市公司。此外，除了对年度数据进行分析以外，我们还进一步检验了样本公司季度数据，无论是主要变量的描述性统计，还是公司所有制变量的差异检验，季度数据分析结果与年度变量结果相一致。

表 3-2 描述性统计及单变量检验

Panel A：主要变量描述性统计

	N	Mean	S. D.	Min	P25	P50	P75	Max
*ELoan*1	25556	0. 226	0. 693	−0. 558	−0. 235	−0. 023	0. 439	2. 579
*ELoan*2	25556	0. 119	0. 662	−2. 515	−0. 084	0. 000	0. 254	2. 686
*ELoan*3	25556	−0. 026	0. 144	−0. 289	−0. 139	−0. 024	0. 062	0. 340
State	25322	0. 529	0. 499	0. 000	0. 000	1. 000	1. 000	1. 000
Market	25556	10. 612	3. 074	0. 380	8. 272	10. 420	13. 100	17. 099
Finance	25556	12. 397	3. 131	0. 730	10. 363	12. 660	14. 686	18. 742
Law	25556	7. 921	2. 957	−12. 270	6. 232	7. 505	10. 000	13. 638
Gov	25556	10. 193	1. 921	−5. 300	9. 110	10. 300	11. 545	14. 095
MP	25556	0. 356	0. 479	0. 000	0. 000	0. 000	1. 000	1. 000
Crisis	6350	0. 508	0. 500	0. 000	0. 000	1. 000	1. 000	1. 000
MB	25556	2. 653	2. 021	0. 863	1. 384	1. 992	3. 130	12. 898
Size	25556	21. 834	1. 202	19. 244	20. 986	21. 701	22. 521	25. 410

续表

Panel A：主要变量描述性统计								
	N	Mean	S. D.	Min	P25	P50	P75	Max
Tang	25556	0. 353	0. 220	0. 000	0. 175	0. 355	0. 519	0. 817
Growth	25556	0. 133	0. 631	−0. 997	−0. 088	0. 089	0. 264	4. 590
ROE	25556	0. 046	0. 155	−0. 943	0. 019	0. 058	0. 107	0. 362

Panel B：所有制与公司超额银行借款的差异分析						
	国有上市公司		非国有上市公司			
	Mean	Median	Mean	Median	均值差异检验（t-value）	中值差异检验（z- value）
*Eloan*1	0. 3449	−0. 0207	0. 0368	−0. 1004	0. 31*** (38. 06)	0. 08*** (22. 26)
*Eloan*2	0. 2072	0. 0329	−0. 0007	0	0. 21*** (26. 63)	0. 03*** (29. 18)
*Eloan*3	0. 0047	0. 0000	−0. 0558	−0. 0228	0. 06*** (41. 78)	0. 02*** (36. 10)

Panel C：所有制与公司超额银行借款的差异分析（Eloan>0）						
	国有上市公司		非国有上市公司			
	Mean	Median	Mean	Median	均值差异检验（t-value）	中值差异检验（z-value）
*Eloan*1	0. 9749	0. 7624	0. 4410	0. 2911	0. 53*** (44. 41)	0. 47*** (35. 85)
*Eloan*2	0. 6146	0. 4305	0. 3655	0. 1780	0. 25*** (22. 99)	0. 25*** (25. 06)
*Eloan*3	0. 1404	0. 1270	0. 0941	0. 0768	0. 05*** (26. 82)	0. 05*** (24. 42)

注：*、**、***分别表示显著性水平 10%、5%、1%，括号中的数字为双尾检验的 t 值。

3.4.2 回归检验

1. 所有制与超额银行借款

表 3-3 列示了所有制与超额银行借款的回归结果。首先，我们采用三种方法计算公司超额银行借款（*ELoan*1 采用回归分析法估计，*ELoan*2 采用动态调整法估计，*ELoan*3 采用行业均值法估计），并进行全样本回归，结果分别列示在（1）、（2）、（3）列。同时，我们又进一步考察了超额银行借款为正的样本公司（*ELoan*>0），具体结果见（4）、（5）、（6）列。从全样本的回归结果来看，*State* 的回归系数显著为正，表明相对于非国有上市公司，国有上市公司拥有相对更多的超额银行借款，初步验证了假设 1。而对于 *ELoan*>0 的分样本回归，无论是采用回归分析法、动态调整法，还是行业均值法估计公司超额银行借款，*State* 的回归系数也都显著为正，进一步增强了假设 1 的结论。

从回归结果看出，虽然国有企业由于政府干预承担了较多的政策性负担，拥有较多的投资机会，对资金的需求较大，但其获得的信贷资金却远超过自身需求。以往研究仅从银行借款总额的角度考察了不同所有制公司的差异，并没有排除国有企业本身对资金需求较多这一因素，而本章从超额银行借款的角度，在控制了公司层面影响银行借款因素后，发现国有上市公司获得的超额银行显著多于非国有上市公司，这一结果为中国金融市场信贷资金配置效率较低，银行对非国有企业存在“信贷歧视”行为提供了更为直接的证据。

表 3-3 所有制与超额银行借款回归结果

	全样本			ELoan>0		
	(1)	(2)	(3)	(4)	(5)	(6)
	*ELoan*1	*ELoan*2	*ELoan*3	*ELoan*1	*ELoan*2	*ELoan*3
State	0.288*** (10.61)	0.169*** (15.51)	0.042*** (11.20)	0.449*** (13.03)	0.143*** (10.34)	0.039*** (13.22)
MB	0.029*** (7.11)	−0.011*** (−4.40)	−0.008*** (−9.68)	0.066*** (11.45)	−0.005 (−1.39)	−0.002* (−1.89)
Size	−0.146*** (−17.00)	0.011* (1.89)	0.021*** (9.73)	0.114*** (8.73)	0.011 (1.51)	0.004* (1.96)
Tang	0.342*** (8.17)	0.210*** (6.42)	0.183*** (16.76)	0.111** (2.03)	0.177*** (4.51)	0.046*** (4.70)
Growth	0.036*** (4.74)	0.013* (1.71)	0.006*** (4.52)	0.004 (0.33)	0.057*** (5.11)	0.002 (1.32)
ROE	−0.627*** (−15.33)	−0.298*** (−7.61)	−0.203*** (−25.20)	−0.462*** (−11.29)	−0.345*** (−8.17)	−0.096*** (−15.87)
Constant	3.584*** (17.57)	0.101 (0.65)	−0.490*** (−9.62)	−1.282*** (−4.51)	1.131*** (6.51)	0.108** (2.47)
Years	Yes	Yes	Yes	Yes	Yes	Yes
Industries	Yes	Yes	Yes	Yes	Yes	Yes
adj. R^2	0.16	0.04	0.23	0.20	0.13	0.14
F	59.39	27.34	81.77	68.31	47.53	44.39
N	25316	25316	25316	12007	12046	9041

注：*、**、***分别表示显著性水平 10%、5%、1%，括号中的数字为双尾检验的 t 值。

2. 制度环境、所有制与超额银行借款

为了检验制度环境对不同所有制公司超额银行借款差异的影响，我们首先选择地区的市场化指数（*Market*）作为制度环境的代理变量进行回归，*Market* 得分越高，表示市场化程度越高。具体回归结果列示在表 3-4 中，*Market* 的回归系数均显著为正，表明在市场化程度较高的地区，非国有上市公司的超额银行借款会增多。随着地区金融发展水平的提高，银行间的竞争加剧，对于信贷资金的配置将更多地考虑经济效率原则，同时，法律环境的完善以及政府干预的减小，有利于为非国有企业创造良好的市场竞争环境，使得市场在信贷资源配置中扮演更为重要的角色，进而有助于提高经营绩效好、成长前景大的非国有企业获得贷款的能力。

State 与 *Market* 的交乘项系数在全样本和超额银行借款为正的分样本中均在 1%水平下显著为负，表明随着市场化程度的提高，国有上市公司和非国有上市公司之间的超额银行借款差异会显著减小，这与假设 2 的预期相一致。而 *Market* 的回归系数绝对值小于 *State* 与 *Market* 交乘项系数的绝对值则表明在市场化程度较高的地区，国有上市公司的超额银行借款会减少。

表 3-4　制度环境（*Market*）、所有制与超额银行借款回归结果

	全样本			*ELoan*>0		
	(1)	(2)	(3)	(4)	(5)	(6)
	*ELoan*1	*ELoan*2	*ELoan*3	*ELoan*1	*ELoan*2	*ELoan*3
State	0.711*** (9.26)	0.402*** (11.22)	0.112*** (13.00)	0.776*** (16.42)	0.290*** (13.91)	0.069*** (17.57)
Market	0.018*** (6.02)	0.009*** (4.03)	0.002** (2.12)	0.015*** (3.91)	0.005* (1.79)	−0.000 (−0.01)
State×*Market*	−0.053*** (−11.54)	−0.029*** (−16.30)	−0.009*** (−18.05)	−0.047*** (−14.74)	−0.020*** (−9.60)	−0.004*** (−8.87)
MB	0.023*** (6.13)	−0.014*** (−5.72)	−0.009*** (−11.13)	0.058*** (11.06)	−0.008** (−2.19)	−0.003** (−2.45)
Size	−0.127*** (−15.63)	0.022*** (3.74)	0.025*** (11.82)	0.127*** (10.13)	0.021*** (2.80)	0.006*** (3.03)
Tang	0.289*** (7.41)	0.177*** (5.56)	0.172*** (16.77)	0.083 (1.64)	0.151*** (3.90)	0.041*** (4.31)

续表

	全样本			*ELoan*>0		
	（1）	（2）	（3）	（4）	（5）	（6）
	*ELoan*1	*ELoan*2	*ELoan*3	*ELoan*1	*ELoan*2	*ELoan*3
Growth	0.025*** （3.49）	0.008 （0.99）	0.004*** （3.18）	-0.008 （-0.78）	0.053*** （4.77）	0.001 （0.55）
ROE	-0.613*** （-15.59）	-0.291*** （-7.47）	-0.199*** （-25.04）	-0.465*** （-11.54）	-0.343*** （-8.08）	-0.096*** （-15.89）
Constant	3.088*** （16.02）	-0.165 （-1.08）	-0.569*** （-11.70）	-1.665*** （-6.02）	0.884*** （5.08）	0.064 （1.47）
Years	Yes	Yes	Yes	Yes	Yes	Yes
Industries	Yes	Yes	Yes	Yes	Yes	Yes
adj. R^2	0.22	0.06	0.26	0.24	0.15	0.16
F	75.40	32.87	96.08	82.56	47.17	42.75
N	25275	25275	25275	11982	12024	9024

注：*、**、***分别表示显著性水平 10%、5%、1%，括号中的数字为双尾检验的 t 值。

同时，我们还选择了法律制度环境（*Law*）、金融市场发达程度（*Finance*）以及政府干预程度（*Gov*）三项分指标来进一步刻画各地区的制度特征。上述三项指标数值越大，表示地区的金融发展水平和法治水平越高，政府干预程度越低，制度环境越好。表 3-5 列示了上述三项制度环境代理变量对不同所有制公司超额银行借款差异的影响，被解释变量为采用回归分析法估计的超额银行借款（*ELoan*1），无论是全样本和超额银行借款为正的分样本，*State* 与 *Law*、*Finance*、*Gov* 交乘项系数均在 1%水平下显著为负，表明随着地区金融发展水平和法治水平的提高，政府干预程度的减弱，国有上市公司和非国有上市公司之间超额银行借款的差异会减少。

此外，我们进一步检验了采用动态调整法和行业均值法估计超额银行借款作为被解释变量，进行上述回归，实证结果与采用回归分析法一致。

表 3-5 制度环境（*Finance*、*Law*、*Gov*）、所有制与超额银行借款回归结果

	全样本			*ELoan*>0		
	(1)	(2)	(3)	(4)	(5)	(6)
	*ELoan*1	*ELoan*1	*ELoan*1	*ELoan*1	*ELoan*1	*ELoan*1
State	0.732*** (9.66)	0.671*** (8.34)	0.747*** (9.35)	0.793*** (6.74)	0.738*** (4.56)	0.904*** (3.56)
Finance	0.017*** (4.11)			0.015*** (2.94)		
State×*Finance*	-0.046*** (-11.82)			-0.041*** (-14.95)		
Law		0.027*** (7.36)			0.027*** (5.04)	
State×*Law*		-0.063*** (-10.66)			-0.063*** (-15.00)	
Gov			0.016*** (3.36)			0.019*** (2.64)
State×*Gov*			-0.060*** (-11.64)			-0.060*** (-13.44)
MB	0.020*** (5.58)	0.023*** (6.13)	0.022*** (6.04)	0.056*** (10.54)	0.019*** (3.49)	0.012* (1.68)
Size	-0.130*** (-16.22)	-0.130*** (-15.93)	-0.127*** (-15.82)	0.126*** (10.00)	-0.088*** (-7.25)	-0.118*** (-8.27)
Tang	0.314*** (7.98)	0.293*** (7.49)	0.309*** (7.93)	0.103** (2.02)	0.342*** (6.13)	0.060 (0.89)
Growth	0.027*** (3.74)	0.026*** (3.61)	0.025*** (3.52)	-0.006 (-0.58)	0.055*** (4.24)	0.033** (2.25)
ROE	-0.629*** (-16.04)	-0.623*** (-15.78)	-0.610*** (-15.62)	-0.479*** (-11.94)	-0.752*** (-15.04)	-0.462*** (-9.74)

续表

	全样本			*ELoan*>0		
	(1)	(2)	(3)	(4)	(5)	(6)
	*ELoan*1	*ELoan*1	*ELoan*1	*ELoan*1	*ELoan*1	*ELoan*1
Constant	3.115*** (16.06)	3.101*** (15.91)	3.122*** (16.11)	-1.687*** (-6.07)	2.874*** (10.23)	3.468*** (10.45)
Years	Yes	Yes	Yes	Yes	Yes	Yes
Industries	Yes	Yes	Yes	Yes	Yes	Yes
adj. R^2	0.22	0.21	0.22	0.24	0.21	0.19
F	77.17	74.14	84.01	88.69	61.83	41.02
N	25275	25275	25275	11982	12024	9024

注：*、**、***分别表示显著性水平 10%、5%、1%，括号中的数字为双尾检验的 t 值。

3. 货币政策、所有制与超额银行借款

货币政策对不同所有制公司超额银行借款差异影响的回归结果列示在表 3-6 中。在全样本中，采用回归分析法和动态调整法估计的超额银行借款（*ELoan*1 和 *ELoan*2）为被解释变量时，*State* 与 *MP* 交乘项系数均在 1%水平下显著为正，表明在货币政策紧缩期，国有上市公司和非国有上市公司之间超额银行借款的差异显著增大。而在超额银行借款为正的分样本，（4）、（5）、（6）列的回归结果均显示，*State* 与 *MP* 交乘项系数显著为正，进一步验证了假设 3。

在货币政策紧缩期，银行与公司之间的信息不对称程度增大，信贷决策也会更加谨慎，更愿意将有限的信贷资金配置给政府可以提供隐性担保的国有企业，从而规避银行自身的贷款风险。国有上市公司和非国有上市公司之间超额银行借款差异增大的实证研究结论进一步证实了在货币政策紧缩期，民营企业在银行信贷方面受到的冲击更大。

表 3-6 货币政策、所有制与超额银行借款回归结果

	全样本			ELoan>0		
	(1)	(2)	(3)	(4)	(5)	(6)
	*ELoan*1	*ELoan*2	*ELoan*3	*ELoan*1	*ELoan*2	*ELoan*3
State	0.331*** (16.75)	0.170*** (8.45)	0.064*** (10.70)	0.371*** (12.88)	0.125*** (5.68)	0.024*** (4.89)
MP	−0.526*** (−8.34)	−0.334*** (−5.87)	−0.091*** (−6.69)	−0.748*** (−12.40)	−0.464*** (−8.28)	−0.113*** (−10.27)
State×MP	0.049*** (3.00)	0.002*** (3.12)	0.025*** (5.02)	0.089*** (3.56)	0.022*** (3.10)	0.018*** (3.96)
MB	0.029*** (7.14)	−0.011*** (−4.39)	−0.008*** (−9.60)	0.066*** (11.42)	−0.005 (−1.42)	−0.002* (−1.85)
Size	−0.145*** (−16.92)	0.011* (1.89)	0.021*** (9.84)	0.113*** (8.63)	0.011 (1.48)	0.004* (1.84)
Tang	0.342*** (8.17)	0.210*** (6.42)	0.183*** (16.78)	0.111** (2.02)	0.177*** (4.52)	0.045*** (4.66)
Growth	0.036*** (4.75)	0.013* (1.71)	0.006*** (4.56)	0.003 (0.28)	0.057*** (5.11)	0.002 (1.29)
ROE	−0.628*** (−15.37)	−0.298*** (−7.61)	−0.203*** (−25.30)	−0.459*** (−11.21)	−0.345*** (−8.17)	−0.095*** (−15.84)
Constant	3.573*** (17.50)	0.101 (0.64)	−0.496*** (−9.74)	−1.253*** (−4.40)	1.138*** (6.55)	0.114*** (2.60)
Years	Yes	Yes	Yes	Yes	Yes	Yes
Industries	Yes	Yes	Yes	Yes	Yes	Yes
adj. R^2	0.16	0.04	0.23	0.20	0.13	0.14
F	58.78	26.76	81.07	78.58	46.23	43.71
N	25316	25316	25316	12007	12046	9041

注：*、**、***分别表示显著性水平 10%、5%、1%，括号中的数字为双尾检验的 t 值。

4. 金融危机、所有制与超额银行借款

最后，我们考察了金融危机对不同所有制公司超额银行借款差异的影响，并用季度数据进行回归检验，结果列示于表 3-7 中。由于金融危机具有突发性和一定的不可预测性，在危机期间，公司外部融资环境会急剧恶化，信贷配给现象会更加严重，信贷资金将会在不同所有制的企业之间不均匀分配，因此我们预期国有上市公司和非国有上市公司之间超额银行借款的差异会在金融危机期间增大。

表 3-7 的实证结果显示，*State* 与 *Crisis* 交乘项系数在 1%水平下显著为正，这与我们的预期相一致，并验证了假设 4。同时我们还发现，*State* 与 *Crisis* 交乘项系数的绝对值大于 *State* 和 *Crisis* 各自系数绝对值之和，表明在金融危机期间，国有上市公司的超额银行借款增多。而 *Crisis* 系数显著为负，意味着非国有上市公司在金融危机期间超额银行借款水平显著减少。这从另一个角度说明了，由于经济环境不确定性增强，银行在作信贷决策时更加关注信贷资金的安全性，非国有企业在金融危机期间更会遭受“信贷歧视”。

表 3-7　金融危机、所有制与超额银行借款回归结果

	全样本			*ELoan*>0		
	(1)	(2)	(3)	(4)	(5)	(6)
	*ELoan*1	*ELoan*2	*ELoan*3	*ELoan*1	*ELoan*2	*ELoan*3
State	0.022 (0.79)	-0.290*** (-6.65)	0.010 (1.19)	0.105*** (3.60)	-0.204*** (-4.71)	-0.004 (-0.58)
Crisis	-0.231*** (-9.27)	-0.272*** (-6.68)	0.019*** (4.36)	-0.227*** (-7.89)	-0.552*** (-11.93)	-0.002 (-0.51)
State×*Crisis*	0.609*** (12.62)	1.270*** (8.48)	0.016** (2.39)	0.692*** (6.68)	1.013*** (5.28)	0.070*** (12.15)
MB	-0.012 (-1.09)	-0.039*** (-3.16)	-0.021*** (-9.84)	0.032*** (2.83)	-0.001 (-0.07)	-0.007*** (-2.73)
Size	-0.095*** (-6.24)	0.079*** (3.72)	0.023*** (5.81)	0.067*** (3.79)	0.051** (2.45)	0.002 (0.63)

续表

	全样本			ELoan>0		
	(1)	(2)	(3)	(4)	(5)	(6)
	ELoan1	*ELoan2*	*ELoan3*	*ELoan1*	*ELoan2*	*ELoan3*
Tang	0. 481*** (5. 24)	0. 464*** (3. 52)	0. 195*** (7. 78)	0. 148 (1. 45)	0. 457*** (3. 49)	0. 055*** (2. 91)
Growth	-0. 081*** (-5. 25)	-0. 124*** (-4. 02)	-0. 021*** (-5. 63)	-0. 083*** (-4. 90)	-0. 224*** (-7. 36)	-0. 039*** (-15. 21)
ROE	-0. 717*** (-4. 73)	-0. 695*** (-3. 47)	-0. 284*** (-8. 73)	-0. 550*** (-3. 70)	-0. 844*** (-4. 17)	-0. 088*** (-3. 90)
Constant	1. 762*** (5. 16)	-2. 306*** (-4. 78)	-0. 570*** (-6. 51)	-1. 411*** (-3. 77)	-1. 135** (-2. 43)	0. 046 (0. 67)
Years	Yes	Yes	Yes	Yes	Yes	Yes
Industries	Yes	Yes	Yes	Yes	Yes	Yes
adj. R^2	0. 20	0. 21	0. 23	0. 27	0. 28	0. 26
F	21. 63	22. 96	24. 89	29. 54	32. 45	27. 52
N	6334	6334	6334	3605	3391	2881

注：*、**、***分别表示显著性水平 10%、5%、1%，括号中的数字为双尾检验的 t 值。

3. 4. 3 稳健性检验

为了保持研究结论的稳健性，本章对主要的宏观环境代理变量进行了如下替代测试。

对于制度环境代理变量，由于市场化进程指数仅有 1997—2014 年数据，我们除了在正文中根据历年数据对年度做回归推算出相关数据，还直接去除 2015—2018 年数据，采用截止到 2014 年的原始数据进行回归检验，得到了一致结论。

对于货币政策代理变量，我们参考饶品贵和姜国华（2013）的做法，根据中国人民银行每年发布的《货币政策执行报告》，并结合货币供应量年末同比增长率以及银行间 7 日拆借利率来定义货币政策紧缩年度，回归结果不变。

对于金融危机代理变量，我们除了采用季度数据以外，还将 2009 年设为金融危机期间，将 2007 年设为非金融危机期间（由于 2008 年第四季度公司相关财务指标已受金融危机影响），回归结果显示，主要变量系数都没有发生改变。

3.5 本章小结

本章利用 2002—2018 年中国资本市场 A 股上市公司数据，分别采用回归分析法、动态调整法和行业均值法三种主要方法计算公司的超额银行借款，在此基础上考察了不同所有制公司超额银行借款行为。实证研究发现，国有上市公司的超额银行借款显著多于非国有上市公司；随着制度环境的改善，国有上市公司和非国有上市公司之间的超额银行借款差异减少；而在货币政策紧缩期和金融危机期间，国有上市公司和非国有上市公司之间超额银行借款的差异增大。

与以往文献相比，我们基于资本结构权衡理论首次提出公司超额银行借款的概念，并用多种方法度量公司超额银行借款水平，拓展了公司财务权衡理论的研究视野；从所有制视角探讨公司超额银行借款行为，并进一步考察在不同的制度环境、紧缩的货币政策和金融危机导致的宏观环境变化对国有上市公司和非国有上市公司超额银行借款的差异影响，丰富了宏观环境与微观企业财务行为相关领域的研究内容；从公司超额银行借款这一独特视角为金融机构对不同所有制公司存在“信贷歧视”行为提供了更为直接的证据，为政策部门推进国企混合所有制改革以及监管机构完善信贷管理制度提高监管效率提供决策依据。

第4章

盈余管理与公司超额银行借款

4.1 引言

已有研究表明，信息不对称严重影响了信贷市场的资源分配效率，而财务报告等信息披露可以在一定程度上解决该问题（Healy and Palepu，2001）。对于商业银行等资金供给方而言，财务报告是一个重要的信息来源，商业银行通过会计信息估计公司未来现金流，并判断公司未来的还款能力，而会计信息质量会影响公司的贷款利率和贷款期限等债务契约条款（Leftwich，1983；Beatty et al.，2002；Francis et al.，2005；Bharath et al.，2008）。国内学者研究发现，商业银行在进行贷款决策时，会比较关注公司的盈利能力和偿债能力等会计信息（孙铮等，2006），但同时发现商业银行在进行信贷决策时没有动机或没有能力对公司的财务状况进行深入调查和分析，不能识别公司的盈余管理行为（陆正飞等，2008；马永强等，2014）。因此，管理层有动机通过盈余管理提高会计业绩，获得银行信贷资金。

按照资本结构权衡理论，公司存在目标债务比例（Graham and Harvey，2001；Harford et al.，2009）。银行借款作为目前中国上市公司最重要的债务融资来源，公司也应该存在目标银行借款比例。但由于代理问题的存在，管理层为了满足自身利益，在公司的银行借款比例达到目标值后，依然有可能继续增加公司信贷融资，形成超额银行借款。本章将从盈余管理视角探讨其与公司超额银行借款的关系。公司不仅会通过应计项目进行盈余管理，也会通过操控真实经营活动进行盈余管理

(Graham et al., 2005; Roychowdhury, 2006)。真实盈余管理相对于应计盈余管理更隐蔽，但会造成更严重的经济后果（Roychowdhury, 2006; Zang, 2012)，公司在进行盈余管理决策时，会综合考虑不同方式的成本和收益。因此，本章在考察盈余管理行为时，会分别从应计盈余管理和真实盈余管理两个维度进行分析。

在中国金融市场化改革的制度背景下，商业银行的信贷资源分配不断从政府管制转变为市场力量决定（周业安和赵坚毅，2005）。商业银行经营效率、信贷资金分配市场化程度以及银行之间的竞争程度都在不断提高，银行在做信贷决策时会逐渐关注会计信息质量及其他非财务信息（孙亮和柳建华，2011；孙会霞等，2013），公司盈余管理动机和方式会对其获取商业银行信贷资金产生影响。由于不同地区非平衡性发展，地区间金融市场化程度也存在较大差异（樊纲等，2011）。因此，本章将从金融市场化视角，进一步对盈余管理和公司超额银行借款进行差异化分析。

4.2 理论分析与研究假设

财务报告是商业银行了解公司经营状况的重要途径（Healy and Palepu, 2001)。商业银行在做信贷决策时，主要关心公司的还款能力和经营风险，会根据公司的会计信息估计未来现金流，进而决定是否发放贷款以及贷款利率、期限等债务契约条款（Leftwich, 1983; Bharath et al., 2008)。饶艳超和胡奕明（2005）通过问卷调查国内商业银行授信过程中的会计信息使用情况发现，银行对公司主营业务收入、利润总额等信息的关注度较高。孙铮等（2006）实证研究发现公司经营业绩与商业银行借款之间存在正相关关系。但总体而言，中国商业银行在贷款审批过程中还存在以下问题：首先，商业银行整体经营效率较低，且贷款审批权较为集中，贷款审批流程僵化（陆正飞等，2008；姚树洁等，2011）。其次，目前商业银行体系还是由四大国有商业银行为主导，银行的国有产权性质使得政府对银行贷款决策存在较为严重的干预行为，尤其在银行发放贷款的主要对象为国有企业的情况下，银行对于国有企业的贷款难以做到事前审批，且国有企业拥有政府提供的隐性担保，银行对于国有企业的贷款损失所负责任较小（孙铮等 2006，程六兵和刘峰，2013）），银行的信贷决策在一定程度上偏离了市场规则。以上问题将导致商业银行在做信贷决策时对公司真实的经营状况进行深入调查和分析的能力或动机不足，无法识别公司的会计业绩是否受到盈余管理行为的操控（陆正飞等，2008）。因此，公司管理层有动机通过盈余管理行为调整盈余来满足商业银行对于公司经营业绩的要求，以获得银行信贷资金。马永强等（2014）通过实证数据发现公司盈余管理与银行借款显著正相关。

由于代理问题的存在，一方面，公司管理层希望增加自由现金流，通过在职消费、提高薪酬、建立帝国等行为来为自身谋取私利（Jensen，1986）；另一方面，债务融资也会诱使公司从事资产替代行为，通过投资高风险项目或增加股利分配等行为增加股东财富（Jensen and Meckling，1976；Smith and Warner，1979）。在中国投资者保护程度较弱、银行对公司监管效率较低的背景下，公司较容易通过获取更多的银行借款来为管理层或股东谋取私利。已有研究表明，公司财务业绩越好，银行借款可获得性越高（孙会霞等，2013）；同时银行对公司盈余管理的识别程度较低，当公司已有的银行借款能满足自身正常经营情况下，公司会有动机进一步通过盈余管理行为调高公司业绩以便获取更多银行借款。通过以上分析，本章提出如下假设：

H1：盈余管理与公司超额银行借款正相关。

公司进行盈余管理的方式有两种，一种是通过改变会计核算方法或会计估计来调整账面盈余的应计盈余管理，一种是通过操控经营生产、费用支出等实际经营活动来改变会计业绩的真实盈余管理。Graham et al.（2005）的调查结果显示，80%的 CFO 承认为了增加业绩，会减少研发费用、广告费用和维修费用的支出，55%的 CFO 表示会延迟新项目的开始。Roychowdhury（2006）通过大样本实证发现公司会通过加快销售实现、减少酌量费用支出、过量生产减少单位产品成本等方式调高公司经营业绩。Zang（2012）表示公司管理层会将应计盈余管理和真实盈余管理两种方式结合作为完整的盈余管理策略来调整公司业绩。国内学者研究同样发现，中国上市公司会同时采取应计盈余管理和真实盈余管理两种方式调高利润，以获得银行借款（马永强等，2014）。

两种盈余管理方式的主要不同点在于：应计盈余管理仅通过调整账面信息操控盈余、较容易被审计师或监管机构发现；真实盈余管理能够使经营活动与公司账面信息保持较高的一致性，因此较为隐蔽，不容易被发现（Graham et al.，2005；胥朝阳和刘睿智，2014）；但真实盈余管理会对公司现金流造成影响，对公司价值影响更严重（Cohen and Zarowin，2010）。公司对于两种盈余管理方式选择是基于两种方式的相对成本所进行的权衡，每种盈余管理方式都会随着自身成本的增加而减少，随另一种方式成本的增加而增加，两种方式存在一定程度的替代性（Cohen and Zarowin，2010；Zang，2012；龚启辉等，2015）。而两种盈余管理方式的成本会受公司所处的经营环境和监管环境影响。Cohen et al.（2008）研究表明在 SOX 法案颁布后，由于监管更加严格，公司应计盈余管理程度下降，真实盈余管理程度上升。

伴随着中国金融市场化改革，商业银行的运行和信贷资源配置正逐步由政府管制向市场化推动（周业安和赵坚毅，2005；Firth et al.，2009），但金融改革归根结底属于整体国民经济市场化改革的一部分，其改革进程和实行效果都以市场化进程为基础（张亮和柳建华，2011），而中国不同地区之间的市场化进程存在着较大差异，因此不同地区的金融市场化程度也存在明显不同（樊纲等，2011）。在金融市场化程度较高的地区，一方面，传统商业银行系统的股份制和利率市场化改革使得整个银行管理体制有所改变，效率有所提升（姚树洁等，2011；陈耿等，2015），商业银行自身在贷款审批过程中对于会计信息的审核和需求也有改变。商业银行逐渐意识到由于基于历史成本计价、以权责发生制为确认原则等原因，会计信息具有一定的局限性，并不能作为银行进行贷款决策的充分信息，由于对违约风险的关注，银行在制定债务契约时会关注有关债务人的其他信息，降低对会计信息的需求（孙铮等，2006）。张亮和柳建华（2011）认为经营业绩良好的公司被大股东掏空的可能性更大，公司按期还本付息的可能性降低，因此银行仅从盈利能力考虑信贷业务的风险并不全面。商业银行对违约风险的关注使其对非财务信息的需求增大。这将提高商业银行对于公司盈余管理的识别能力。另一方面，政府对于商业银行的干预也随之减少，商业银行的实质更倾向于自负盈亏的商业化实体，同时银行间的竞争加剧，会更加关注贷款业务的违约风险和自身经营业绩回报（张亮和柳建华，2011），因此银行有较强动机对于公司的真实经营状况和财务风险进行深入调查和分析，这在一定程度上增加了公司通过盈余管理满足银行贷款审核要求的难度。

此外，金融市场化改革减少了政府干预，使得银行自身的谈判权增加，当公司发生债务违约时有更大的能力要求赔偿或接管公司（Aghion and Bolton，1992），在与公司签订债务契约合同时，会根据公司的资质制定更具弹性的债务条款，限制公司选择有利于管理层和股东利益而损害债权人利益的行为（Leftwich，1983），增加公司机会主义行为的成本，减少公司的道德风险（Stiglitz and Weiss，1983；Rajan，1992；Park，2000）。同时，随着金融市场的不断发展，财务分析师和信用评级机构等信息中介组织也会随之发展，信息中介通过深入了解和调查公司，向外界传达公司的私有信息，进一步减少公司和外部投资者之间的信息不对称程度（Healy and Palypu，2001）。李延喜和陈克兢（2014）也证实外部中介组织服务质量的提高可以减少公司应计盈余管理行为。即金融市场化会在一定程度上减弱公司通过应计项目调整利润的可操作空间，公司进行应计盈余管理的成本加大，因此，公司会选择降低应计盈余管理，而通过更多的真实盈余管理来获得超额银行借款。通过以上分析，本章提出如下假设：

H2：金融市场化会弱化应计盈余管理与公司超额银行借款之间的正相关关系，增强真实盈余管理与公司超额银行借款之间的正相关关系。

4.3 研究设计

4.3.1 样本选取与数据来源

本章的研究样本选定为2002—2018年中国资本市场A股上市公司。由于需要利用上市公司上一年度相关财务数据估计本年度目标银行借款，因此我们根据2001年的财务数据估算2002年公司超额银行借款，并以此类推。根据以往的研究惯例，在样本的选择过程中，我们按照以下条件进行筛选：①剔除金融类上市公司；②剔除财务数据缺失的上市公司；③剔除总资产或所有者权益为负的上市公司；④剔除ST类上市公司；⑤剔除当年 IPO 上市公司。为了控制极端值的影响，我们在 1% 水平下对公司层面的所有连续变量进行缩尾处理。本章的主要数据来源为 CSMAR 数据库。

4.3.2 变量选取与模型设定

1. 公司超额银行借款的度量

本章关于公司超额银行借款的度量与第 3 章计算方法一致。

2. 盈余管理的度量

（1）应计盈余管理的度量

本章使用修正后的 Jones 模型（Dechow et al.，1995）计算出的操控性应计利润（*DA*）来衡量公司应计盈余管理程度，具体计算方法如下：

$$DA_{i,t}=TA_{i,t}-NDA_{i,t} \tag{4.1}$$

DA 为公司操控性应计利润；*TA* 为公司总应计利润；*NDA* 为公司非操控性应计利润。

TA 计算方法为：

$$TA_{i,t}=(\Delta CA_{i,t}-\Delta CL_{i,t}-\Delta Cash_{i,t}+\Delta STD_{i,t}-Dep_{i,t})/Asset_{i,t-1} \tag{4.2}$$

其中，ΔCA 为流动资产的变化值；ΔCL 为流动负债的变化值；$\Delta Cash$ 为现金及现金等价物的变化值；ΔSTD 为一年内到期的长期借款的变化值；*Dep* 为折旧和摊销费用。

NDA 计算方法如下：

$$NDA_{i,t}=\alpha_1\frac{1}{Asset_{i,t-1}}+\alpha_2(\Delta REV_{i,t}-\Delta REC_{i,t})+\alpha_3 PPE_{i,t} \tag{4.3}$$

其中，α_1、α_2、α_3 由以下模型估计得出：

$$TA_{i,t}=\alpha_1\frac{1}{Asset_{i,t-1}}+\alpha_2\Delta REV_{i,t}+\alpha_3 PPE_{i,t}+\nu_{i,t} \tag{4.4}$$

ΔREV 为公司营业总收入的变化值，ΔREC 为公司净应收账款的变化值，PPE 为公司固定资产，以上三个变量均经上年末总资产标准化。

（2）真实盈余管理的度量

参考 Roychowdhury（2006），分别计算销售操控（RM_cfo）、酌量费用操控（RM_disexp）、生产操控（RM_prod）以及综合的真实盈余管理（RM）。具体计算方法如下：分别对同一行业同一年度的公司按如下模型回归，得到回归系数值，然后将公司每年对应的变量值代入模型计算经营性现金流、酌量费用和生产成本的“正常值”，最后用公司当年实际数值减去“正常值”得到相应的真实盈余操控程度。回归模型如下：

$$\frac{CFO_{i,t}}{Asset_{i,t-1}}=\alpha_0+\alpha_1\frac{1}{Asset_{i,t-1}}+\alpha_2\frac{Sale_{i,t}}{Asset_{i,t-1}}+\alpha_3\frac{\Delta Sale_{i,t}}{Asset_{i,t-1}}+\varepsilon_{i,t} \tag{4.5}$$

$$\frac{Disexp_{i,t}}{Asset_{i,t-1}}=\alpha_0+\alpha_1\frac{1}{Asset_{i,t-1}}+\alpha_2\frac{Sale_{i,t-1}}{Asset_{i,t-1}}+\varepsilon_{i,t} \tag{4.6}$$

$$\frac{Prod_{i,t}}{Asset_{i,t-1}}=\alpha_0+\alpha_1\frac{1}{Asset_{i,t-1}}+\alpha_2\frac{Sale_{i,t}}{Asset_{i,t-1}}+\alpha_3\frac{\Delta Sale_{i,t}}{Asset_{i,t-1}}+\alpha_4\frac{\Delta Sale_{i,t-1}}{Asset_{i,t-1}}+\varepsilon_{i,t} \tag{4.7}$$

其中，CFO 为经营性现金净流量，$Sale$ 为公司营业收入，$\Delta Sale$ 为营业收入变化值；$Disexp$ 为酌量性费用（销售费用+管理费用）；$Prod$ 为产品成本（营业成本+存货的变化值）。

考虑到销售操控（RM_cfo）和酌量费用操控（RM_disexp）的符号含义，本章对于回归计算出的差值取相反数。

考虑到三种盈余管理方式之间存在一定的抵消，因此综合真实盈余管理为：

$$RM=RM\_prod-RM\_cfo-RM\_disexp \tag{4.8}$$

3. 金融市场发展程度的度量

本章选用目前被广泛使用的樊纲等（2011）和王小鲁等（2017）

编制的中国各地区市场化指数中的金融市场化程度指标来度量公司所在地区的金融市场发展程度（*Finance*），该指标反映了各地区金融业的竞争强度和资金配置效率，是金融市场化程度较为直接的度量指标，该指标越大，表示地区金融市场发展程度越好。对于 2003—2007 年的样本，我们使用樊纲等（2011）的金融市场化指数来度量地区金融市场化程度。对于 2008—2014 年的样本，我们使用王小鲁等（2017）的金融业的市场化指数来度量地区金融市场化程度。由于王小鲁等（2017）的指标只到 2014 年，我们对于 2015—2018 年的数据根据以前年度该指数的增长趋势推算。

此外，参考 Wu et al.（2012）、陈德球等（2013），以公司所在地区银行贷款总额与地区 GDP 的比值（*BankGDP*）作为金融市场化发展程度的度量指标进行稳健性检验。该指标反映了金融部门的发展与当地经济增长之间的关系，该指标越大，表示地区金融部门发展程度越好。其中地区银行贷款总额数据来自中国金融年鉴，各地区 GDP 数据来自 CSMAR 数据库。

4. 模型设定

本章采用如下回归模型进行检验：

$$Eloan_{i,t}=\beta_0+\beta_1 DA_{i,t-1}(RM_{i,t-1})+\beta_2 Finance_{i,t-1}+\beta_3 DA_{i,t-1}(RM_{i,t-1})\times Finance_{i,t-1}+\beta Control+\varepsilon \tag{4.9}$$

其中，*ELoan* 为公司超额银行借款代理变量（*ELoan*1 采用回归分析法估计，*ELoan*2 采用动态调整法估计，*ELoan*3 采用行业均值法估计）；*DA* 为应计盈余管理代理变量；*RM* 为真实盈余管理代理变量；*Finance* 为公司所在地的金融市场发展程度。此外，参考已有相关文献，还设置若干个控制变量，具体包括公司规模（*Size*）、市值账面比

(*MB*)、资产结构（*Tang*）、营业收入增长率（*Growth*）、净资产收益率(*ROE*)、资产负债率（*Lev*）、股权集中度（*Top*1）、两职合一（*Dual*）、股权性质（*State*）以及年份（*Year*）和行业（*Industry*）等。

表 4-1 列示了主要变量具体定义。

表 4-1　主要变量定义

变量符号	变量名称	变量定义
Eloan	超额银行借款	实际银行借款-目标银行借款
DA	应计盈余管理	修正后的 Jones 模型，参考 Dechow et al.（1995）
RM	真实盈余管理	综合真实盈余管理，*RM_prod-RM_cfo-RM_disexp*
RM_cfo		销售操控，参考 Roychowdhury（2006），取相反数
RM_disexp		酌量费用操控，参考 Roychowdhury（2006），取相反数
RM_prod		生产操控，参考 Roychowdhury（2006）
Finance	金融市场发展	樊纲等（2011）和王小鲁（2017）编制的中国市场化指数中的相关指标
Size	公司规模	总资产的自然对数
Tang	资产结构	（固定资产+存货）/总资产
Growth	营业收入增长率	［*t* 年营业收入-（*t*-1）年营业收入］/（*t*-1）年营业收入
MB	市值账面比	（总负债+总股本×股票年末收盘价）/总资产
ROE	净资产收益率	净利润/股东权益
*Top*1	股权集中度	第一大股东持股比例
Dual	两职合一	虚拟变量，若公司董事长与总经理两职合一，取值为 1，否则为 0
Lev	资产负债率	总负债/总资产
State	产权性质	虚拟变量，若公司实际控制人为国有控股，则取值为 1，否则为 0
Industry	行业	虚拟变量
Year	年份	虚拟变量

4.4 实证检验结果

4.4.1 描述性统计及单变量检验

表 4-2 为主要变量的描述性统计，对于盈余管理程度，考虑到在计算盈余管理时使用的是全部上市公司数据，而由于其他变量缺失等原因，此处报告的为剔除掉部分公司后的回归样本的变量统计，因此盈余管理各变量的均值不为 0。*DA* 和 *RM* 的最小值均在-60%以下而最大值均超过了 60%，表明不同公司之间会采取不同方向的盈余管理，并且盈余管理程度也存在较大差异。此外，公司所在地的金融市场化程度差异也较大。

表 4-2 主要变量描述性统计

	N	Mean	S. D.	Min	P25	P50	P75	Max
DA	25113	0. 023	0. 221	-0. 697	-0. 083	0. 011	0. 108	0. 662
RM	25113	0. 020	0. 210	-0. 610	-0. 086	0. 002	0. 089	0. 623
RM_ cfo	25113	0. 006	0. 103	-0. 310	-0. 047	0. 005	0. 049	0. 292
RM_ disexp	25113	0. 000	0. 000	0. 000	0. 000	0. 000	0. 000	0. 000
RM_ prod	25113	0. 008	0. 136	-0. 419	-0. 050	-0. 003	0. 042	0. 484
Finance	25113	8. 340	2. 131	-0. 462	6. 780	8. 509	10. 037	12. 010
MB	25113	3. 982	4. 018	0. 652	1. 749	2. 766	4. 648	27. 719
Size	25113	21. 856	1. 275	19. 276	20. 942	21. 711	22. 593	25. 728
Tang	25113	0. 320	0. 199	0. 001	0. 162	0. 307	0. 459	0. 789
Growth	25113	0. 913	5. 099	-0. 946	-0. 040	0. 114	0. 324	45. 689
ROE	25113	0. 040	0. 178	-1. 144	0. 020	0. 059	0. 106	0. 339
Lev	25113	0. 436	0. 208	0. 037	0. 276	0. 435	0. 593	0. 904

续表

	N	Mean	S. D.	Min	P25	P50	P75	Max
*Top*1	25113	0. 371	0. 153	0. 091	0. 250	0. 354	0. 483	0. 752
Dual	25113	0. 201	0. 400	0. 000	0. 000	0. 000	0. 000	1. 000
State	25113	0. 513	0. 500	0. 000	0. 000	1. 000	1. 000	1. 000

表 4-3 为盈余管理与公司超额银行借款的差异性检验，本章基于盈余管理指标的中位数进行分组，大于中位数的为盈余管理程度较高组，小于中位数的为盈余管理程度较低组，分别计算两组的公司超额银行借款并检验两组之间的超额银行借款水平是否存在显著差异。其中 Panel A 为按照应计盈余管理（*DA*）进行分组的检验结果，Panel B 为按照真实盈余管理（*RM*）进行分组的检验结果。由均值和中位数的差异均在 1%水平下显著为正可知，盈余管理程度较高组的公司超额银行借款水平显著高于盈余管理程度较低组的超额银行借款水平，初步验证了假设 1。

表 4-3　盈余管理与公司超额银行借款差异性检验

Panel A：应计盈余管理与公司超额银行借款						
DA	High		Low		High-Low (Mean)	High-Low (Median)
	Mean	Median	Mean	Median		
*Eloan*1	0. 1205	-0. 0432	0. 0605	-0. 0874	0. 06*** (8. 82)	0. 04*** (4. 15)
*Eloan*2	0. 0195	-0. 0208	-0. 0014	-0. 0271	0. 02*** (6. 54)	0. 01*** (4. 68)
*Eloan*3	-0. 0130	-0. 0424	-0. 0309	-0. 0491	0. 02*** (9. 87)	0. 01*** (6. 78)

续表

Panel B：真实盈余管理与公司超额银行借款						
RM	High		Low		High-Low (Mean)	High-Low (Median)
	Mean	Median	Mean	Median		
*Eloan*1	0.1861	-0.0226	-0.0051	-0.1049	0.19*** (8.49)	0.08*** (22.12)
*Eloan*2	0.0673	0.0086	-0.0492	-0.0581	0.12*** (7.37)	0.07*** (12.57)
*Eloan*3	0.0107	-0.0064	-0.0546	-0.0812	0.07*** (7.06)	0.07*** (15.07)

注：*、**、***分别表示显著性水平 10%、5%、1%，括号中的数字为双尾检验的 t 值。

4.4.2 回归检验

1. 盈余管理与公司超额银行借款

表 4-4 为盈余管理与公司超额银行借款的回归结果。其中，因变量为采用三种计算方法得出的公司超额银行借款（*ELoan*1 采用回归分析法估计，*ELoan*2 采用动态调整法估计，*ELoan*3 采用行业均值法估计），(1)、(2)、(3) 列为应计盈余管理与公司超额银行借款的回归结果，(4)、(5)、(6) 列为真实盈余管理与公司超额银行借款的回归结果，(7)、(8)、(9) 列为同时考虑应计盈余管理和真实盈余管理的回归结果。由盈余管理的系数均在 1%水平下显著为正可以看出，商业银行对于公司的盈余管理行为难以识别，公司出于管理层自利或为股东谋取私利的动机，在银行借款达到目标值后，依然会通过盈余管理行为调高公司业绩，以期获得更多超额银行借款，回归结果验证了假设 1。

表 4-4　盈余管理与公司超额银行借款

	(1)	(2)	(3)	(4)	(5)	(6)	(7)	(8)	(9)
	*Eloan*1	*Eloan*2	*Eloan*3	*Eloan*1	*Eloan*2	*Eloan*3	*Eloan*1	*Eloan*2	*Eloan*3
DA	0.600*** (9.74)	0.100*** (11.03)	0.076*** (5.05)				0.441*** (8.39)	0.004** (2.42)	0.054*** (10.73)
RM				0.790*** (4.70)	0.433*** (3.40)	0.106*** (10.02)	0.666*** (5.33)	0.434*** (9.84)	0.091*** (7.16)
MB	0.009*** (5.05)	-0.003*** (-4.46)	-0.004*** (-7.95)	0.013*** (7.52)	-0.002** (-2.48)	-0.003*** (-6.93)	0.011*** (6.70)	-0.002** (-2.47)	-0.004*** (-7.34)
Size	-0.198*** (-30.09)	-0.023*** (-8.24)	-0.007*** (-3.78)	-0.177*** (-28.43)	-0.015*** (-5.72)	-0.004** (-2.31)	-0.185*** (-29.88)	-0.015*** (-5.65)	-0.005*** (-2.89)
Tang	0.087*** (3.13)	0.055*** (4.20)	0.078*** (8.50)	0.129*** (4.81)	0.039*** (3.23)	0.083*** (9.22)	0.064** (2.44)	0.040*** (3.26)	0.075*** (8.35)
Growth	-0.000 (-0.19)	-0.002*** (-4.53)	-0.001*** (-6.34)	-0.000 (-0.32)	-0.002*** (-5.01)	-0.001*** (-6.53)	-0.000 (-0.60)	-0.002*** (-5.00)	-0.001*** (-6.72)
ROE	-0.128*** (-4.94)	-0.092*** (-7.45)	-0.060*** (-8.79)	0.085*** (2.96)	0.030** (2.44)	-0.031*** (-4.46)	0.059** (2.22)	0.030** (2.46)	-0.034*** (-5.04)
Lev	0.785*** (24.44)	0.444*** (32.13)	0.424*** (45.17)	0.602*** (20.29)	0.350*** (27.79)	0.400*** (42.92)	0.641*** (21.70)	0.350*** (27.52)	0.404*** (43.42)
*Top*1	0.102*** (2.98)	-0.027* (-1.81)	-0.019* (-1.78)	0.094*** (2.83)	-0.012 (-0.87)	-0.019* (-1.87)	0.124*** (3.81)	-0.013 (-0.89)	-0.016 (-1.52)
Dual	0.021* (1.85)	0.008 (1.64)	0.005 (1.44)	0.012 (1.12)	0.004 (0.96)	0.003 (1.11)	0.015 (1.41)	0.004 (0.96)	0.004 (1.23)

续表

	(1)	(2)	(3)	(4)	(5)	(6)	(7)	(8)	(9)
	*Eloan*1	*Eloan*2	*Eloan*3	*Eloan*1	*Eloan*2	*Eloan*3	*Eloan*1	*Eloan*2	*Eloan*3
State	-0. 012 (-0. 98)	0. 002 (0. 28)	-0. 024*** (-6. 38)	-0. 017 (-1. 49)	-0. 004 (-0. 78)	-0. 025*** (-6. 69)	-0. 020* (-1. 78)	-0. 004 (-0. 78)	-0. 025*** (-6. 85)
Constant	3. 829*** (28. 41)	0. 295*** (5. 19)	-0. 018 (-0. 48)	3. 420*** (26. 87)	0. 142*** (2. 74)	-0. 071** (-1. 97)	3. 592*** (28. 36)	0. 140*** (2. 69)	-0. 050 (-1. 40)
Years	Yes	Yes	Yes	Yes	Yes	Yes	Yes	Yes	Yes
Industries	Yes	Yes	Yes	Yes	Yes	Yes	Yes	Yes	Yes
adj. R^2	0. 28	0. 16	0. 43	0. 30	0. 26	0. 44	0. 33	0. 26	0. 44
F	90. 46	106. 31	178. 77	105. 25	135. 19	194. 58	112. 51	129. 59	195. 98
N	25113	25113	25113	25113	25113	25113	25113	25113	25113

注：t 值在括号中标明，经横截面异方差和公司序列相关性调整（Robust 和 Cluster 调整），*、**和***分别表示在 10%、5%和 1%水平下显著。

此外，除了综合的真实盈余管理，本章对于三个分项真实盈余管理也进行了回归检验，结果列于表4-5。无论是仅考虑分项真实盈余管理还是同时考虑真实盈余管理和应计盈余管理，各盈余管理的回归系数均显著为正，意味着公司会分别通过销售操控、酌量费用操控和生产操控等行为来增加公司利润，进而获得更多超额银行借款，以上实证研究结果进一步验证了假设1。

表4-5　真实盈余操控与公司超额银行借款

	(1)	(2)	(3)	(4)	(5)	(6)
	*Eloan*1	*Eloan*2	*Eloan*3	*Eloan*1	*Eloan*2	*Eloan*3
Panel A：销售操控与公司超额银行借款						
RM_ cfo	1.354*** (12.38)	0.540*** (11.85)	0.177*** (8.67)	1.084*** (12.49)	0.522*** (10.18)	0.143*** (5.05)
DA	0.456*** (8.38)	0.031*** (3.24)	0.057*** (11.05)			
Panel B：酌量费用操控与公司超额银行借款						
RM_disexp	0.187*** (6.46)	0.072*** (5.43)	0.091*** (9.78)	0.087*** (3.13)	0.055*** (4.20)	0.078*** (8.50)
DA	0.600*** (19.74)	0.100*** (11.03)	0.076*** (15.05)			
Panel C：生产操控与公司超额银行借款						
RM_prod	1.317*** (22.30)	0.192*** (11.07)	0.154*** (15.97)	1.103*** (22.11)	0.153*** (9.00)	0.125*** (13.61)
DA				0.404*** (19.15)	0.073*** (8.37)	0.054*** (11.64)

注：t值在括号中标明，经横截面异方差和公司序列相关性调整（Robust和Cluster调整），*、**和***分别表示在10%、5%和1%水平下显著。

2. 应计盈余管理、金融市场化与公司超额银行借款

表4-6为应计盈余管理、金融市场化与公司超额银行借款的回归结果。同样，（1）、（2）（3）列为仅考虑应计盈余管理，（4）、（5）、

（6）列为同时考虑应计盈余管理与真实盈余管理的回归结果。由 *DA*×*Finance* 的系数显著为负可知，金融市场化弱化了应计盈余管理与公司超额银行借款之间的正相关关系，验证了假设 2。结合 *DA* 与 *DA*×*Finance* 的系数大小以及描述性统计中 *Finance* 的中位数（8.34）以及较大四分位数 P75（10.037）可知，在金融市场化较发达的地区，应计盈余管理与公司超额银行借款的正相关关系逐渐减弱，甚至变为负相关。金融市场的发展会逐渐消除公司通过应计盈余管理获得超额银行借款的行为，特别在金融市场化程度较高的地区，商业银行对于公司应计盈余管理行为具有较强的识别能力，应计盈余管理程度越大，公司获得的超额银行借款越少。

表 4-6　应计盈余管理、金融市场发展与公司超额银行借款

	(1)	(2)	(3)	(4)	(5)	(6)
	*Eloan*1	*Eloan*2	*Eloan*3	*Eloan*1	*Eloan*2	*Eloan*3
DA	1.440***	0.229***	0.178***	1.255***	0.062***	0.151***
	(29.62)	(17.07)	(24.73)	(28.29)	(4.16)	(20.36)
Finance	−0.005*	−0.001	−0.000	−0.004	0.000	−0.000
	(−1.83)	(−0.64)	(−0.49)	(−1.40)	(0.33)	(−0.27)
DA×*Finance*	−0.157***	−0.024***	−0.019***	−0.143***	−0.012***	−0.017***
	(−5.88)	(−5.86)	(−5.87)	(−5.56)	(−7.32)	(−2.93)
RM				0.462***	0.418***	0.067***
				(3.41)	(7.94)	(12.82)
MB	0.006***	−0.004***	−0.004***	0.008***	−0.002***	−0.004***
	(3.87)	(−5.22)	(−8.91)	(5.26)	(−2.85)	(−8.30)
Size	−0.150***	−0.016***	−0.001	−0.145***	−0.011***	−0.000
	(−24.86)	(−5.84)	(−0.68)	(−24.67)	(−4.50)	(−0.29)
Tang	0.115***	0.059***	0.081***	0.097***	0.043***	0.079***
	(4.64)	(4.64)	(9.22)	(4.04)	(3.51)	(9.03)

续表

	(1)	(2)	(3)	(4)	(5)	(6)
	*Eloan*1	*Eloan*2	*Eloan*3	*Eloan*1	*Eloan*2	*Eloan*3
Growth	0.001 (1.53)	−0.001*** (−4.06)	−0.001*** (−5.65)	0.001 (1.06)	−0.002*** (−4.75)	−0.001*** (−6.00)
ROE	−0.049** (−2.13)	−0.080*** (−6.48)	−0.050*** (−7.72)	0.074*** (3.20)	0.031** (2.55)	−0.033*** (−5.00)
Lev	0.660*** (23.90)	0.424*** (31.91)	0.409*** (45.24)	0.571*** (21.42)	0.344*** (27.53)	0.396*** (43.73)
*Top*1	0.086*** (2.67)	−0.030** (−2.04)	−0.021** (−2.05)	0.103*** (3.28)	−0.014 (−1.02)	−0.018* (−1.83)
Dual	0.023** (2.27)	0.008* (1.76)	0.005 (1.58)	0.018* (1.90)	0.005 (1.01)	0.004 (1.40)
State	−0.011 (−1.04)	0.002 (0.30)	−0.024*** (−6.50)	−0.016 (−1.57)	−0.003 (−0.62)	−0.025*** (−6.80)
Constant	2.899*** (23.14)	0.152*** (2.74)	−0.133*** (−3.75)	2.808*** (22.99)	0.070 (1.35)	−0.146*** (−4.16)
Years	Yes	Yes	Yes	Yes	Yes	Yes
Industries	Yes	Yes	Yes	Yes	Yes	Yes
adj. R^2	0.42	0.18	0.46	0.44	0.27	0.47
F	108.25	109.29	214.05	134.20	125.44	216.83
N	25113	25113	25113	25113	25113	25113

注：t 值在括号中标明，经横截面异方差和公司序列相关性调整（Robust 和 Cluster 调整），*、**和***分别表示在 10%、5%和 1%水平下显著。

表 4-7 为真实盈余管理、金融市场化与公司超额银行借款的回归结果。其中，*RM*×*Finance* 的回归系数显著为正，表示随着金融市场化程度的提高，公司进行应计盈余管理的成本逐渐增大，公司会选择更多的真实盈余管理行为，真实盈余管理与公司超额银行借款之间的正相关关系显著增强。回归结果验证了假设 2。同样，本章还分别对三种真实

盈余管理分指标进行了回归，回归结果见表 4-8。各项真实盈余管理分指标与金融市场化程度的交乘项系数均显著为正，进一步验证了金融市场化会增强真实盈余管理与公司超额银行借款之间正相关关系的假设。

表 4-7 真实盈余管理、金融市场化与公司超额银行借款

	(1)	(2)	(3)	(4)	(5)	(6)
	*Eloan*1	*Eloan*2	*Eloan*3	*Eloan*1	*Eloan*2	*Eloan*3
RM	0.428*** (8.59)	0.168*** (5.49)	0.077*** (8.98)	0.297*** (6.39)	0.169*** (5.50)	0.061*** (7.05)
Finance	-0.005* (-1.76)	0.001 (0.48)	-0.000 (-0.48)	-0.005* (-1.77)	0.001 (0.47)	-0.000 (-0.47)
RM×*Finance*	0.050*** (8.52)	0.037*** (10.22)	0.004*** (4.39)	0.051*** (8.77)	0.037*** (10.22)	0.004*** (4.51)
DA				0.443*** (18.52)	0.002** (2.25)	0.054*** (10.78)
MB	0.013*** (7.57)	-0.002** (-2.19)	-0.003*** (-6.89)	0.011*** (6.77)	-0.002** (-2.19)	-0.004*** (-7.30)
Size	-0.174*** (-28.16)	-0.012*** (-4.92)	-0.004** (-2.19)	-0.182*** (-29.60)	-0.012*** (-4.87)	-0.005*** (-2.77)
Tang	0.128*** (4.81)	0.039*** (3.21)	0.083*** (9.23)	0.063** (2.42)	0.039*** (3.23)	0.075*** (8.35)
Growth	-0.000 (-0.16)	-0.002*** (-5.07)	-0.001*** (-6.46)	-0.000 (-0.44)	-0.002*** (-5.07)	-0.001*** (-6.65)
ROE	0.098*** (3.46)	0.039*** (3.09)	-0.030*** (-4.31)	0.072*** (2.77)	0.039*** (3.10)	-0.033*** (-4.88)
Lev	0.599*** (20.31)	0.347*** (27.80)	0.399*** (42.92)	0.638*** (21.73)	0.346*** (27.59)	0.404*** (43.43)
*Top*1	0.097*** (2.93)	-0.010 (-0.70)	-0.019* (-1.85)	0.128*** (3.92)	-0.010 (-0.71)	-0.015 (-1.50)

续表

	(1)	(2)	(3)	(4)	(5)	(6)
	*Eloan*1	*Eloan*2	*Eloan*3	*Eloan*1	*Eloan*2	*Eloan*3
Dual	0.012 (1.12)	0.004 (0.83)	0.003 (1.11)	0.015 (1.41)	0.004 (0.82)	0.004 (1.23)
State	-0.021* (-1.78)	-0.003 (-0.65)	-0.025*** (-6.64)	-0.023** (-2.07)	-0.003 (-0.64)	-0.026*** (-6.79)
Constant	3.410*** (26.40)	0.094* (1.81)	-0.072* (-1.95)	3.579*** (27.84)	0.094* (1.78)	-0.051 (-1.40)
Years	Yes	Yes	Yes	Yes	Yes	Yes
Industries	Yes	Yes	Yes	Yes	Yes	Yes
adj. R^2	0.31	0.28	0.44	0.34	0.28	0.44
F	98.46	133.41	180.11	104.62	128.49	182.02
N	25113	25113	25113	25113	25113	25113

注：t 值在括号中标明，经横截面异方差和公司序列相关性调整（Robust 和 Cluster 调整），*、**和***分别表示在 10%、5%和 1%水平下显著。

表 4-8　真实盈余操控、金融市场化与公司超额银行借款

	(1)	(2)	(3)	(4)	(5)	(6)
	*Eloan*1	*Eloan*2	*Eloan*3	*Eloan*1	*Eloan*2	*Eloan*3
Panel A：销售操控、金融市场化与公司超额银行借款						
RM_cfo	0.065 (0.56)	0.722*** (6.37)	0.033** (2.02)	0.447*** (4.35)	0.766*** (7.35)	0.081*** (4.90)
Finance	-0.005* (-1.77)	0.000 (0.25)	-0.000 (-0.46)	-0.005* (-1.80)	0.000 (0.27)	-0.000 (-0.45)
RM_cfo×*Finance*	0.185*** (5.56)	0.165*** (10.00)	0.027*** (5.35)	0.198*** (7.19)	0.167*** (3.37)	0.029*** (6.30)
DA				0.485*** (9.28)	0.056*** (6.43)	0.061*** (12.17)

续表

Panel B：酌量费用操控、金融市场化与公司超额银行借款						
RM_disexp	0.188***	0.072***	0.091***	0.087***	0.055***	0.078***
	(6.48)	(5.44)	(9.79)	(3.16)	(4.21)	(8.51)
Finance	−0.009***	−0.001	−0.001	−0.008**	−0.001	−0.001
	(−2.64)	(−1.03)	(−0.94)	(−2.53)	(−0.95)	(−0.84)
RM_disexp×	0.553***	0.412***	0.400***	0.599**	0.419***	0.405***
Finance	(9.29)	(3.60)	(2.98)	(2.05)	(3.02)	(3.43)
DA				0.599***	0.100***	0.076***
	(9.78)	(11.02)	(5.04)			
Panel C：生产操控、金融市场化与公司超额银行借款						
RM_prod	0.242***	0.104***	0.135***	−0.172**	0.036	0.088***
	(2.70)	(3.39)	(8.07)	(−2.27)	(1.19)	(5.57)
Finance	−0.005*	−0.001	−0.001	−0.005*	−0.001	−0.001
	(−1.87)	(−0.74)	(−0.65)	(−1.81)	(−0.70)	(−0.61)
RM_prod×	0.161***	0.013***	0.003***	0.185***	0.017***	0.005***
Finance	(7.59)	(3.96)	(2.60)	(2.65)	(5.20)	(3.24)
DA				0.492***	0.081***	0.056***
				(2.66)	(9.20)	(12.16)

注：t值在括号中标明，经横截面异方差和公司序列相关性调整（Robust 和 Cluster 调整），*、**和***分别表示在10%、5%和1%水平下显著。

进一步，本章还对不同金融市场化程度地区公司的盈余管理行为进行了差异性检验。按照公司所在地的金融市场化程度分为市场化程度较高组和市场化程度较低组，分别考察两组公司的盈余管理程度以及两组之间是否存在显著差异。由表4-9的结果可知，金融市场化程度较高组的应计盈余管理程度显著大于金融市场化程度较低组；而真实盈余管理在金融市场化程度较高组更大。该差异性检验结果表明，随着市场化程度的提高，公司进行应计盈余管理的成本加大，动机减弱，因此应计盈余管理程度减弱，公司反而通过更多的真实盈余管理行为来调高公司业绩，该结果进一步支持了假设 2。

表 4-9　金融市场发展与公司盈余管理差异性检验

Finance		*DA*	*RM*	*RM_cfo*	*RM_disexp*	*RM_prod*
High	Mean	0.0173	0.0319	0.0111	0.0011	0.0166
	Median	0.0078	0.0091	0.0088	0.0117	0.0001
Low	Mean	0.0288	0.0092	0.0020	0.0006	0.0068
	Median	0.0137	-0.0032	0.0012	0.0105	-0.0042
High-Low (Mean)		-0.01*** (-4.12)	0.02*** (8.53)	0.01*** (7.03)	0.00* (1.83)	0.01*** (7.53)
High-Low (Median)		-0.01*** (-3.48)	0.01*** (8.36)	0.01*** (7.43)	0.00** (1.98)	0.00*** (7.66)

注：*、**、***分别表示显著性水平 10%、5%、1%，括号中的数字为双尾检验的 t 值。

此外，为了更直观地考察随着金融市场程度的提高，公司会选择更多的真实盈余管理来代替应计盈余管理行为。我们针对 2008—2018 年样本（考虑到新的樊纲指数统计是从 2008 年开始，并且 2007 年开始实施新的会计准则）根据金融市场化分成五组，来检验不同类型盈余管理之间的相互关系，结果见图 4-1。横坐标表示金融市场化程度，1 为金融市场化程度最低组，5 为金融市场化程度最高组。应计盈余管理（*DA*）在金融市场化程度最高组为 0.036，在最低组为 0.053，差异为 -0.02，对应 t 检验值为-3.26，在小于 0.01 水平上显著；真实盈余管理（*RM*）在金融市场化程度最高组为 0.04，在最低组为 0.01，差异为 0.03，对应 t 检验值为 4.51，在小于 0.01 水平上显著。以上检验说明，随着金融市场化程度的不断上升，应计盈余管理程度不断下降，而真实盈余管理程度不断上升，而且这种变化在统计上是显著的，二者具有显著的替代效应。

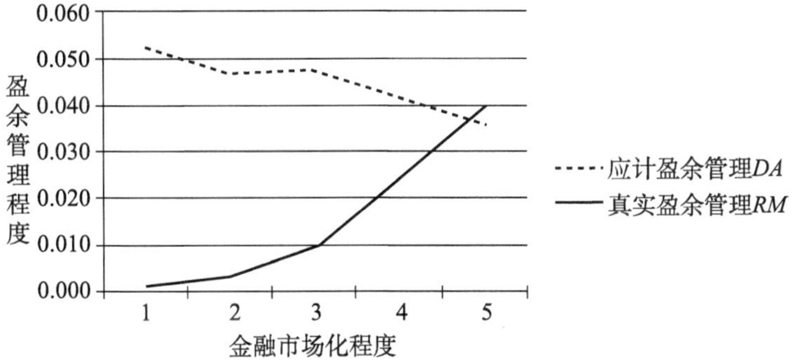

图 4-1　真实盈余管理与应计盈余管理随金融市场化程度变化趋势

4.4.3　稳健性检验

首先，盈余管理与公司超额银行借款之间可能存在一定的内生性问题，即公司有可能因为获得了较多的超额银行借款，为了避免碰触债务契约的红线而进行盈余管理。本章在前述检验中使用了滞后一期的盈余管理，在一定程度上减少了内生性问题。进一步，参考 Venet and Hurlin（2001），本文还针对该问题对盈余管理与公司超额银行借款进行了 Granger 因果关系的补充检验。检验结果表明盈余管理是公司超额银行借款的 Granger 原因，但公司超额银行借款不是盈余管理的 Granger 原因。

另外，除了采用市场化指数外，本章还以公司所在地区银行贷款总额与地区 GDP 的比值（Bank GDP）作为金融市场化发展程度的度量指标，对盈余管理、金融市场化和公司超额银行借款之间的关系进行了稳健性检验，回归结果依然支持假设 2，即金融市场化发展会弱化应计盈余管理与公司超额银行借款之间的正相关关系，增强真实盈余管理与公司超额银行借款之间的正相关关系。

其次，本章单独检验了超额银行借款为正（Eloan>0）的样本盈余管理与超额银行借款的关系。无论是盈余管理与公司超额银行借款差异性检验还是两者之间的回归检验，结果均支持本章假设。

此外，本章还区分了向上盈余管理和向下盈余管理，实证结果也都支持本章结论。

最后，2006 年财政部颁布了新的会计准则，于 2007 年开始在上市公司中实施。新会计准则的实施提高了上市公司会计信息质量，缩小了会计收益调整的空间。本章在稳健性检验中，将样本区间改为 2007—2018 年，对以上回归进行检验，结果依然支持本章假设。

4.5 本章小结

本章利用 2002—2018 年中国资本市场 A 股上市公司数据，分别采用回归分析法、动态调整法和行业均值法三种主要方法计算公司的超额银行借款，实证检验了公司在银行借款达到目标值之后，盈余管理行为与公司超额银行借款的关系，并进一步从金融市场化角度对二者关系进行了差异性分析。实证研究发现，公司在拥有能满足正常经营所需的银行借款后，依然会通过盈余管理行为获得更多的超额银行借款。随着金融市场化程度的提高，公司进行应计盈余管理的难度加大，应计盈余管理与公司超额银行借款之间的正相关关系减弱，尤其在金融市场化达到一定程度之后，二者之间呈负相关关系；同时，公司会选择进行更多的真实盈余管理行为，真实盈余管理与公司超额银行借款正相关关系逐渐增强。本章的研究证实，整体而言，商业银行对于公司盈余管理的识别能力不足，信贷资源分配效率较低；金融市场化改革在一定程度上可以改善该问题，但效果有限。

首先，以往有关盈余管理对信贷资源配置影响的探讨，多是从银行借款总额的角度进行分析。本章从公司超额银行借款的视角，考虑了公司对信贷资源的正常需求，并采用多种方法度量公司超额银行借款，为优化信贷资源配置提供了更为直接有力的证据，拓展了会计信息质量与公司资本结构领域的研究范畴。其次，以往研究较多从公司特征等微观层面对会计信息与银行借款之间的关系进行差异性分析，本章从宏观层面，以金融市场化改革为切入点，对不同地区盈余管理与公司超额银行借款之间的关系进行差异化检验，为中国未来进一步的金融市场化改革提供有益的数据参考。

第5章

公司超额银行借款与过度投资

5.1 引言

债务融资如何影响公司投资行为是公司财务领域探讨的重点话题之一。现有研究对于公司债务融资对投资的影响尚未达成一致的结论。一方面，公司债务融资可能会引起股东和债权人之间的利益冲突，降低公司的投资效率，造成投资不足或投资过度（Jensen and Meckling，1976；Myers，1977）；另一方面，债务融资的相机治理作用能够缓解股东和管理者之间的代理问题，从而提高公司的投资效率（Jensen，1986；Grossman and Hart，1986；Smith and Watts，1992）。但目前对债务融资与公司投资行为关系的探讨主要从债务融资总量的角度，而与最优投资规模相对应，公司应该存在适宜的债务融资规模，那么当公司的债务融资规模超过正常投资所需资金后，债务融资如何影响公司的投资行为？现有文献缺少相关的实证研究。基于此，本章将从公司超额银行借款的视角对债务融资与投资行为的关系进行探讨。

Jensen（1986）分析指出由于代理问题的存在，管理者会利用自由现金流进行在职消费与过度投资行为。Richardson（2006）用实证数据证明了公司的自由现金流与过度投资行为存在正相关关系。基于以往的分析逻辑，本章提出第一个研究问题：公司获得的超额银行借款是否会导致过度投资行为？进一步，对于管理者自利程度较为严重的公司，管理层是否会更多地利用超额银行借款通过在职消费、构建商业帝国等方式为自身谋取私利，造成更严重的过度投资现象？

另外，与外部个人投资者不同，以证券投资基金为代表的机构投资者具有较强的信息收集及处理能力，并可以通过专业优势更为有效地监督管理层，发挥一定的治理作用（McCahery et al.，2016）。已有文献从股东议案（Guercio and Hawkins，1999；Gillan and Starks，2000）、创新行为（Bushee，1998；Aghion et al.，2013）、公司并购（Chen et al.，2007）、公司业绩（Brav et al.，2008）、信息不对称程度（Boone and White，2015）等视角证明了机构投资者积极的公司治理作用。Aggarwal et al.（2011）指出不同国家对投资者保护程度的不同会影响本土机构投资者监督治理作用的发挥。而基于中国机构投资者公司治理作用的研究，目前学者仅从公司违规行为（陆瑶等，2012）、会计信息质量（李争光等，2015；罗付岩，2015）、企业避税行为（蔡宏标和饶品贵，2015）和股利发放（Firth et al.，2016）等视角进行了一定的探讨。那么，从公司投资行为来看，机构投资者是否可以通过其积极的监督治理作用，减少公司超额银行借款造成的过度投资？这是本章将探讨的第三个问题。

5.2 理论分析与研究假设

按照财务学经典理论，公司的投资决策取决于净现值为正项目的投资机会（Modigliani and Miller，1958），但现实中公司也会投资于净现值为负的项目，造成过度投资。Jensen and Meckling（1976）从股东和债权人利益冲突的角度，指出公司负债程度较高时，股东会更多地进行高风险项目的投资，从而造成过度投资。Jensen（1986）提出了自由现金流的代理成本假说，即在经营权与所有权分离的情况下，公司管理者与股东之间便会形成利益冲突。为了增加自身控制的资源、报酬水平或晋升机会，管理者有动机扩大投资规模，进行过度扩张。自由现金流处于管理者的控制之下，管理者便会将自由现金流投入到能为自身带来收益的非盈利项目，造成过度投资。随后，Richardson（2006）实证检验了公司自由现金流和过度投资的关系，支持了自由现金流的代理成本理论。此外，学者们还放松了管理者理性假设，从管理者过度自信角度解释了公司的过度投资行为。Roll（1986）首先从管理者过度自信角度解释了许多并购活动在事后会破坏公司价值。随后，Heaton（2002）认为过度自信的管理者会高估投资项目的净现值，当公司存在自由现金流时，便会造成过度投资。Malmendier and Tate（2005）同样发现当公司拥有充足资金时，过度自信的 CEO 会进行过度投资行为。

目前，中国的经理人市场还不完善，上市公司并没有普遍建立针对管理者的有效的激励和约束机制，上市公司内部人控制现象较为普遍。此外，商业银行也没有完全发挥监督治理作用（胡奕明等，2008）。因此，在机会主义动机作用下，尤其是在公司获取了大量超过自身所需最优融资规模的银行借款时，管理者便有激励和能力利用公司的超额资源进行过度投资，以满足自身利益（程新生等，2012；罗党论等，2012；李云鹤，2014）。另外，公司获得银行贷款意味着公司通过了银行的审查，尤其对于拥有超额银行借款的公司而言，相比于银行借款不足的公司，管理者对于公司获得信贷资金的能力拥有良好的预期，对后续投资缺乏资金支持的担心较少；公司投资的资金来源更加充足，管理者掌握着更多资源的控制权和经营自主权，他们更容易出现过度自信的现象，最终也会导致过度投资。通过以上分析，本章提出如下假设：

H1：公司超额银行借款与过度投资正相关。

上文分析指出，管理者代理问题是导致公司超额银行借款过度投资的主要原因之一。那么，在管理层自利行为严重的公司，超额银行借款是否会导致更为严重的过度投资行为？两权分离背景下，管理者和股东的利益存在分歧，管理者的私人收益随着公司规模的扩大、自身控制资源的增多而增加，比如可以获得更高的薪酬水平，更多的晋升机会或更高的社会地位，因此当公司拥有较为充裕的资金时，管理者出于自利动机便会过度扩大公司规模，“构建帝国”，进行过度投资（Jensen，1986；Stulz，1990）。国外学者研究发现，当公司拥有超额资金时，管理者并没有将资金还给投资者，而是投资于一些投资机会较差、易失败的项目，造成过度投资（Blanchard et al.，1994；Opler et al.，1999）。Richardson（2006）证明了公司自由现金流与过度投资存在正相关关系，并且当公司存在积极的股东时，公司的过度投资行为会减少。国内学者通过实证数据也证实，代理问题导致的管理者自利行为是公司出现过度投资的重要原因之一（白俊和连立帅，2014；李云鹤，2014），有效的公司治理和内部控制可以制约管理者的机会主义行为，减少过度投资（方红星和金玉娜，2013）。

在以上研究的基础上，本章还将进一步从管理层动机和行为两个角度来分析管理层自利对公司超额银行借款过度投资行为的影响。首先，从动机角度，管理层自利程度更高意味着管理层具有更强的为自身谋取自利的动机，此时一旦其控制了较多的资源，便会更多地考虑如何利用这些资源获得私人收益，而不是提升公司和股东的价值。其次，从行为角度，管理层自利行为较为严重意味着管理层所受到的制约和监督较少、权力较大（白俊和连立帅，2014），因此便有更多的途径和空间利用超额银行借款通过投资于有利于管理层而 NPV 为负的项目，造成更严重的过度投资。通过以上分析，本章提出如下假设：

H2：管理者自利会加剧公司超额银行借款的过度投资行为。

有关机构投资者公司治理作用的探讨，目前已经取得了一定的研究成果。Guercio and Hawkins（1999）、Gillan and Starks（2000）通过股东提案验证了机构投资者积极的公司治理作用。Bushee（1998）、Anghion et al.（2013）、Brav et al.（2016）表明机构投资者持股有利于降低公司管理层短视行为，促进公司创新。Brav et al.（2008）表明基金持股可以使管理层处于更为严格的市场监督下，从而在一定程度上解决了自由现金流的代理问题，最终表现为公司业绩的提升。还有学者研究发现，机构投资者持股可以增加管理层薪酬业绩敏感性（Hartzell and Starks，2003），增加管理层信息披露行为以及分析师跟踪和股票流动性，最终降低公司内外部信息不对称程度（Boone and White，2015）。国内学者也在一定程度上证明了机构投资者可以发挥积极的公司治理作用。陆瑶等（2012）发现机构投资者可以增加公司违规行为被稽查的可能性，从而降低公司违规行为的倾向，尤其是信息披露违规；此外，机构投资者可以提高公司会计稳健性（李争光等，2015）、减少盈余管理行为（罗付岩，2015）。蔡宏标和饶品贵（2015）研究发现机构投资者可以通过抑制企业避税来提升公司价值，王珏和祝继高（2015）利用案例研究说明了机构投资者参与公司治理的途径和机制。而有关机构投资者如何影响公司投资效率的探讨还相对较少。

那么，机构投资者是否会降低公司超额银行借款带来的过度投资行为？首先，我们认为，机构投资者有动机对公司管理层进行监督，减少其利用超额银行借款进行过度投资的行为。机构投资者相对于外部个人投资者，其所拥有的公司股份相对较多，公司股价变动对于机构投资者的影响也相对较大（Shleifer and Vishny，1986；Huddart，1993）；其次，基金经理的薪酬与其所管理的投资组合的收益高度相关。而公司管理层一旦利用超额银行借款进行较多的损害公司价值的过度投资行为，一方面会降低公司盈利能力，不利于公司股价的维持和提升；另一方面还会带来更高的债务违约及诉讼风险，而公司一旦发生此类负面事件，公司股票价格将发生大幅下降。因此，为了保护自身的资产价值以及投资收益，机构投资者有动机监督管理层行为，降低其利用超额银行借款进行过度投资的行为。

在此动机的驱动下，机构投资者可以通过以下途径发挥作用。首先，机构投资者可以直接参与公司治理或与管理层沟通，进而影响公司的行为决策。Carleton et al.（1998）、McCahery et al.（2016）的研究均表明，机构投资者会通过与公司管理层私下沟通的方式来发挥其公司治理作用。在《深交所多层次资本市场上市公司 2012 年报实证分析报告》中也指出，截止到 2012 年底，机构投资者参与了 164 家深交所上市公司的股东大会，在 114 家上市公司中占有董事席位。因此，机构投资者可以利用其在公司的管理职位或直接与管理层沟通，来限制其利用超额银行借款进行过度投资的行为。其次，机构投资者可以通过买卖股票影响公司股票价格而对管理层产生威胁，从而影响其行为决策。Admati and Pfleiderer（2009）理论分析认为外部大股东可以通过退出威胁来减弱公司管理层与股东的代理问题，使管理层更多地基于股东利益行事。一方面，机构投资者由于所持股份相对较多，在资本市场抛售股票可能直接引发股价下跌；另一方面，目前监管机构也要求上市公司每季度要定期披露机构投资者数量、持股比例及变化情况，而外部个人投资者往往会因为信赖机构投资者较强的信息获取能力和专业的投资策略而作为个人投资的参考。因此，机构投资者买卖股票也可以通过影响其他个人投资者投资行为来影响公司股价。而公司股价下跌会导致公司经营困难以及管理者个人名誉损失，使得管理层会迫于机构投资者的“退出威胁”来减少利用超额银行借款进行过度投资的行为。最后，机构投资者持股可以通过降低内外部信息不对称程度来减少管理层的机会主义行为。Boone and White（2015）研究发现机构投资者持股与管理层信息披露、分析师跟踪和股票流动性正相关；国内学者也表示机构投资者可以提高公司信息披露质量（陆瑶等，2012；李争光等，2015；罗付岩，2015），减少公司内外部信息不对称程度。此时，管理层所受监督更强，进行机会主义行为的难度增大，进而会减少利用超额银行借款进行过度投资的行为。通过以上分析，本章提出如下假设：

H3：机构投资者持股会减少公司超额银行借款的过度投资行为。

5.3 研究设计

5.3.1 样本选取与数据来源

本章的研究样本选定为 2002—2018 年中国资本市场 A 股上市公司。由于需要利用上市公司上一年度相关财务数据估计本年度目标银行借款，因此我们根据 2001 年的财务数据估算 2002 年公司超额银行借款，并以此类推。根据以往的研究惯例，在样本的选择过程中，我们按照以下条件进行筛选：①剔除金融类上市公司；②剔除财务数据缺失的上市公司；③剔除总资产或所有者权益为负的上市公司；④剔除 ST 类上市公司；⑤剔除当年 IPO 上市公司。为了控制极端值的影响，我们在 1% 水平下对公司层面的所有连续变量进行缩尾处理。本章的主要数据来源为 CSMAR 数据库。

5.3.2 变量选取与模型设定

1. 公司超额银行借款的度量

本章关于公司超额银行借款的度量与第 3 章计算方法一致。

2. 过度投资水平的度量（*OInvest*）

本章以公司实际投资额减去正常投资额的残差衡量公司投资效率，

若残差为正，则说明公司存在过度投资（*OInvest*）。对于正常投资水平的估计，参考 Richardson（2006）的做法，在控制影响公司投资支出的主要因素后，对样本期内所有观测点进行回归估计系数值，再根据公司 $t-1$ 年的各影响公司投资支出因素的值估计 t 年公司正常投资规模，具体模型如下：

$$Investment_{i,t}=\beta_0+\beta_1 Tobin's\ Q_{i,t-1}+\beta_2 Lev_{i,t-1}+\beta_3 Cashholding_{i,t-1}+\beta_4 Age_{i,t-1}+\beta_5 Size_{i,t-1}+\beta_6 Return_{i,t-1}+\beta_7 Investment_{i,t-1}+\beta_8 Industry+\beta_9 Year \tag{5.1}$$

其中，*Investment* 为公司投资支出，同时选取投资机会（*Tobin's Q*）、资产负债率（*Lev*）、现金持有水平（*Cashholding*）、公司年限（*Age*）、公司规模（*Size*）、公司股票回报率（*Return*）、上期投资支出（*Investment*）以及行业（*Industry*）和年份（*Year*）控制变量。

3. 管理者自利程度的度量（*Agency*）

参考 Ang et al.（2000）、李云鹤（2014），选取管理费用率作为公司管理者自利程度的代理变量。在稳健性检验中，参考白俊和连立帅（2014），选取股权集中度以及总经理与董事长是否两职合一作为管理者自利的代理变量。其中股权集中度以第二到第十大股东持股比例与第一大股东持股比例之比度量，该指标越大，表示股权集中度越小，管理者权力越大，自利倾向越严重；总经理与董事长若两职合一，则取值为 1，同样代表管理者权力较大，自利倾向较严重。

4. 机构投资者持股的度量（*Institution*）

参考 Firth et al.（2016）、蔡宏标和饶品贵（2015）等的做法，首先设置机构投资者持股虚拟变量（*IDummy*），如果公司当年有证券投资基金持股，则 *IDummy* 取值为 1，否则为 0。此外，还以证券投资基金所持股份占公司总股份的比例（*IStock*）来作为机构投资者持股的度量指标。

5. 模型设定

为了检验公司超额银行借款与过度投资的关系以及管理者自利和机构投资者持股对二者关系的影响，本章建立以下回归模型：

$$OInvest_{i,t}=\alpha_0+\alpha_1 ELoan_{i,t-1}+\alpha_2 Agency_{i,t-1}(Institution_{i,t-1})+\alpha_3 ELoan_{i,t-1}\times Agency_{i,t-1}(ELoan_{i,t-1}\times Institution_{i,t-1})+\alpha_i Controls \tag{5.2}$$

本章在回归时仅保留了存在过度投资的样本，即 $OInvest>0$ 的样本。此外，参考已有相关文献，还设置若干个控制变量，具体包括公司规模（*Size*）、资产负债率（*Lev*）、市值账面比（*MB*）、净资产收益率（*ROE*）、资产结构（*Tang*）、营业收入增长率（*Growth*）、独立董事占比（*IndRatio*）、产权性质（*State*）以及年份（*Year*）和行业（*Industry*）等。

表 5-1 列示了主要变量具体定义。

表 5-1　主要变量定义

变量符号	变量名称	变量定义
Eloan	超额银行借款	实际银行借款-目标银行借款
OInvest	过度投资	参考 Richardson（2006），公司实际投资额-正常投资额的残差
Tobin's Q	投资机会	公司市值/总资产
Cashholding	现金持有水平	现金及现金等价物/总资产
Lev	资产负债率	总负债/总资产
Age	公司年龄	公司成立年限
Size	公司规模	总资产的自然对数
Return	公司股票回报率	考虑现金红利再投资的月个股回报率计算得出 $\prod_i^{-1}=-12\ (Ret_i+1)\ -1$

续表

变量符号	变量名称	变量定义
Investment	公司投资支出	购建固定资产、无形资产和其他长期资产所支付的现金/总资产
*Agency*1	管理者自利程度	管理费用率，管理费用/主营业务收入
*Agency*2		股权集中度，第二到第十大股东持股比例/第一大股东持股比例
*Agency*3		两职合一，虚拟变量，若公司总经理与董事长两职合一，取值为 1，否则为 0
Institution	机构投资者持股	虚拟变量，若公司当年由证券投资基金持股，则取值为 1，否则为 0
IStock		证券投资基金所持股份/公司总股本
Tang	资产结构	（固定资产+存货）/总资产
Growth	营业收入增长率	［*t* 年营业收入-（*t*-1）年营业收入］/（*t*-1）年营业收入
MB	市值账面比	（总负债+总股本×股票年末收盘价）/总资产
ROE	净资产收益率	净利润/股东权益
IndRatio	独立董事比例	独立董事人数/公司董事会人数
State	产权性质	虚拟变量，若公司实际控制人为国有控股，则取值为 1，否则为 0
Industry	行业	虚拟变量
Year	年份	虚拟变量

5.4 实证检验结果

5.4.1 描述性统计及单变量检验

表 5-2 是主要变量的描述性统计。由于本章主要考察公司超额银行借款与过度投资行为的关系，因此本章仅保留了存在过度投资行为（*OInvest*>0）的公司年度样本。可以看出，存在过度投资行为的上市公

司普遍存在超额银行借款现象，并且不同公司之间的超额银行借款水平存在较大差异。不同公司间管理者自利程度也存在显著差异，其中管理费用率（*Agency*1）的最小值仅为 0.9%，而最大值达到了 63.9%，管理者在职消费水平在不同公司之间差异较大；股权集中度（*Agency*2），即第二到第十大股东持股比例与第一大持股比例之比的最小值为 2.5%，最大值为 371%，说明管理者权力在样本公司中也存在较大差异；且 19.7%的样本公司的董事长与总经理两职合一（*Agency*3）。在本章考察的样本中，有证券投资基金持股的公司达到了 83.4%，而基金持股数量平均占上市公司总股本的 6.6%，最大持股占比达到了 47.3%，不同公司间基金持股比例差异较大。

表 5-2　主要变量描述性统计

	Mean	S. D.	Min	P25	P50	P75	Max
OInvest	0. 029	0. 035	0. 000	0. 006	0. 017	0. 039	0. 193
*Agency*1	0. 100	0. 091	0. 009	0. 047	0. 078	0. 118	0. 639
*Agency*2	0. 794	0. 730	0. 025	0. 242	0. 589	1. 125	3. 710
*Agency*3	0. 197	0. 398	0. 000	0. 000	0. 000	0. 000	1. 000
IDummy	0. 834	0. 372	0. 000	1. 000	1. 000	1. 000	1. 000
IStock	0. 066	0. 096	0. 000	0. 005	0. 024	0. 087	0. 473
Size	21. 974	1. 270	19. 232	21. 089	21. 838	22. 702	25. 846
Lev	0. 468	0. 199	0. 059	0. 319	0. 475	0. 619	0. 914
MB	3. 960	4. 185	0. 713	1. 759	2. 774	4. 581	32. 895
ROE	0. 059	0. 143	−0. 873	0. 028	0. 068	0. 116	0. 346
Tang	0. 423	0. 183	0. 000	0. 288	0. 421	0. 558	0. 971
Growth	0. 232	0. 538	−0. 594	0. 001	0. 138	0. 317	3. 924
IndRatio	0. 367	0. 055	0. 083	0. 333	0. 333	0. 400	0. 800
State	0. 520	0. 500	0. 000	0. 000	1. 000	1. 000	1. 000

5.4.2 回归检验

1. 公司超额银行借款与过度投资

表 5-3 列示了公司超额银行借款与过度投资的回归结果。首先，本章采用三种方法计算公司超额银行借款（*ELoan*1 采用回归分析法估计；*ELoan*2 采用动态调整法估计；*ELoan*3 采用行业均值法估计），并考察公司超额银行借款与过度投资的关系，结果分别列示在（1）、（2）、（3）列。从前三列的回归结果来看，*ELoan* 的回归系数均显著为正，表明公司超额银行借款与过度投资行为存在正相关关系，拥有超额银行借款的公司，管理者会将超额资金投资于 NPV<0 的项目中，导致公司的过度投资行为，初步验证了假设 1。进一步，本章检验了公司超额银行借款为正（*ELoan*>0）的样本中超额银行借款与过度投资之间的关系，结果列于表 5-3 的（4）、（5）、（6）列。实证结果显示，超额银行借款与过度投资的正相关关系在超额银行借款为正的公司中都通过了显著性检验。

表 5-3　公司超额银行借款与过度投资

	（1）	（2）	（3）	（4）	（5）	（6）
	总样本 *OInvest*	总样本 *OInvest*	总样本 *OInvest*	*ELoan*>0 *OInvest*	*ELoan*>0 *OInvest*	*ELoan*>0 *OInvest*
*ELoan*1	0.030*** (8.98)			0.037*** (8.81)		
*ELoan*2		0.016*** (4.24)			0.025*** (4.77)	
*ELoan*3			0.083*** (6.61)			0.137*** (7.03)
Size	0.007*** (12.27)	−0.001 (−1.47)	−0.001** (−2.47)	0.014*** (11.42)	−0.002 (−1.51)	−0.008*** (−7.56)

续表

	(1)	(2)	(3)	(4)	(5)	(6)
	总样本 *OInvest*	总样本 *OInvest*	总样本 *OInvest*	*ELoan*>0 *OInvest*	*ELoan*>0 *OInvest*	*ELoan*>0 *OInvest*
Lev	-0.008*** (-3.14)	-0.012*** (-4.61)	-0.049*** (-13.03)	-0.007* (-1.82)	-0.011*** (-2.89)	-0.070*** (-13.87)
MB	-0.001*** (-3.99)	0.000** (2.49)	0.001*** (5.79)	-0.001*** (-3.26)	0.000 (1.35)	0.001*** (3.64)
ROE	0.012*** (4.14)	0.010*** (3.20)	0.015*** (4.72)	0.007** (1.99)	0.012*** (2.94)	0.014*** (3.48)
Tang	0.001 (0.21)	-0.001 (-0.50)	-0.008*** (-3.10)	-0.003 (-0.99)	-0.012*** (-3.14)	-0.021*** (-5.53)
Growth	0.001 (1.05)	0.001 (0.78)	0.001 (0.90)	0.000 (0.28)	-0.000 (-0.14)	0.001 (0.75)
IndRatio	-0.003 (-0.37)	0.012* (1.66)	0.006 (0.85)	-0.010 (-0.95)	0.006 (0.55)	0.002 (0.19)
State	-0.001 (-1.30)	-0.002** (-2.01)	-0.000 (-0.48)	-0.002* (-1.75)	-0.002* (-1.92)	-0.000 (-0.32)
Constant	-0.104*** (-8.80)	0.049*** (5.45)	0.079*** (8.44)	-0.252*** (-10.04)	0.066*** (3.20)	0.228*** (10.32)
Years	Yes	Yes	Yes	Yes	Yes	Yes
Industries	Yes	Yes	Yes	Yes	Yes	Yes
adj. R^2	0.20	0.11	0.14	0.35	0.22	0.26
F	14.00	11.11	15.08	19.02	12.85	14.26
N	9430	9430	9430	4142	4142	4142

注：*、**、***分别表示显著性水平 10%、5%、1%，括号中的数字为双尾检验的 t 值。

2. 公司超额银行借款、管理者自利与过度投资

本章进一步考察了管理者自利对于上市公司超额银行借款过度投资行为的影响，首先以管理费用率（*Agency*1）作为管理者自利的代理变

量，回归结果列示于表 5-4。公司超额银行借款与管理费用率的交乘项显著为正，表示随着管理者在职消费水平的提高，管理者自利程度的增大，超额银行借款会导致更多的过度投资行为。管理者在职消费水平的提高，意味着代理问题的严重化，公司内部治理机制无法有效控制管理者的自利行为，因此管理者更有可能利用公司拥有的超额银行借款进行过度投资，满足私人利益，从而加剧超额银行借款的过度投资行为，该结果支持了假设 2。在超额银行借款为正的子样本中，管理者自利同样加剧了公司超额银行借款的过度投资行为。

表 5-4　公司超额银行借款、管理者自利（*Agency*1）与过度投资

	(1)	(2)	(3)	(4)	(5)	(6)
	总样本 *OInvest*	总样本 *OInvest*	总样本 *OInvest*	*ELoan*>0 *OInvest*	*ELoan*>0 *OInvest*	*ELoan*>0 *OInvest*
*ELoan*1	0.018*** (8.55)			0.024*** (10.25)		
*Agency*1	−0.041*** (−6.48)	−0.011** (−2.05)	0.008 (1.38)	−0.050*** (−6.30)	−0.014** (−2.13)	0.002 (0.23)
*ELoan*1× *Agency*1	0.043*** (7.09)			0.041*** (6.96)		
*ELoan*2		0.010*** (5.92)			0.020*** (8.84)	
*ELoan*2× *Agency*1		0.057*** (5.02)			0.050*** (3.73)	
*ELoan*3			0.056*** (10.44)			0.110*** (13.78)
*ELoan*3× *Agency*1			0.230*** (7.67)			0.167*** (5.14)
Size	0.005*** (7.82)	−0.001* (−1.78)	−0.001*** (−2.70)	0.011*** (8.85)	−0.002 (−1.55)	−0.007*** (−6.74)

续表

	(1)	(2)	(3)	(4)	(5)	(6)
	总样本 *OInvest*	总样本 *OInvest*	总样本 *OInvest*	*ELoan*>0 *OInvest*	*ELoan*>0 *OInvest*	*ELoan*>0 *OInvest*
Lev	-0.009*** (-3.36)	-0.013*** (-4.76)	-0.047*** (-12.77)	-0.008** (-2.07)	-0.012*** (-3.12)	-0.068*** (-13.36)
MB	-0.000*** (-3.17)	0.000*** (2.62)	0.001*** (5.44)	-0.000*** (-2.59)	0.000 (1.60)	0.001*** (3.76)
ROE	0.007** (2.39)	0.010*** (3.01)	0.018*** (5.48)	0.002 (0.52)	0.011** (2.54)	0.018*** (3.83)
Tang	0.001 (0.37)	-0.002 (-0.74)	-0.007*** (-2.83)	-0.003 (-0.81)	-0.013*** (-3.43)	-0.020*** (-5.41)
Growth	0.001 (1.18)	0.000 (0.62)	0.000 (0.56)	0.000 (0.36)	-0.000 (-0.37)	0.000 (0.24)
IndRatio	-0.001 (-0.16)	0.011 (1.63)	0.009 (1.28)	-0.009 (-0.86)	0.005 (0.45)	0.006 (0.59)
State	-0.002* (-1.71)	-0.002* (-1.93)	-0.000 (-0.47)	-0.003** (-2.18)	-0.002* (-1.88)	-0.000 (-0.38)
Constant	-0.054*** (-4.22)	0.054*** (5.71)	0.077*** (8.04)	-0.183*** (-7.10)	0.070*** (3.31)	0.211*** (9.09)
Years	Yes	Yes	Yes	Yes	Yes	Yes
Industries	Yes	Yes	Yes	Yes	Yes	Yes
adj. R^2	0.22	0.12	0.15	0.38	0.23	0.27
F	14.81	10.75	15.34	20.85	14.57	14.69
N	9430	9430	9430	4142	4142	4142

注：*、**、***分别表示显著性水平 10%、5%、1%，括号中的数字为双尾检验的 t 值。

此外，为了研究结论的稳健性，本章还选取股权集中度（*Agency*2）以及董事长与总经理是否两职合一（*Agency*3）作为管理者自利的度量指标，回归结果列示于表 5-5 中。其中，公司超额银行借款与管理者自利的交乘项（*ELoan*×*Agency*2，*ELoan*×*Agency*3）的系数在全样本和超额银行借款为正的样本中均显著为正，说明随着管理者权力的增大，管理者所受约束减小，对于公司超额信贷资源的利用便会更倾向于满足自身利益，从而导致更为严重的过度投资行为，该结果进一步支持了假设 2。

表 5-5　公司超额银行借款、管理者自利（*Agency*2、*Agency*3）与过度投资

Panel A：公司超额银行借款、管理者自利（*Agency*2）与过度投资						
	(1)	(2)	(3)	(4)	(5)	(6)
	总样本 *OInvest*	总样本 *OInvest*	总样本 *OInvest*	*ELoan*>0 *OInvest*	*ELoan*>0 *OInvest*	*ELoan*>0 *OInvest*
*ELoan*1	0.025*** (15.35)			0.031*** (18.76)		
*Agency*2	0.001* (1.77)	0.000 (0.69)	0.002*** (3.31)	−0.001 (−0.83)	−0.001 (−1.28)	0.001 (0.73)
*ELoan*1× *Agency*2	0.006*** (8.14)			0.006*** (7.91)		
*ELoan*2		0.011*** (6.12)			0.019*** (8.27)	
*ELoan*2× *Agency*2		0.007*** (4.08)			0.008*** (3.54)	
*ELoan*3			0.047*** (8.94)			0.092*** (11.33)
*ELoan*3× *Agency*2			0.042*** (9.65)			0.043*** (7.84)
adj. R^2	0.21	0.12	0.16	0.37	0.23	0.28
F	15.20	10.79	15.35	20.79	11.98	14.43
N	9428	9428	9428	4142	4142	4142

续表

Panel B：公司超额银行借款、管理者自利（*Agency*3）与过度投资						
	(1)	(2)	(3)	(4)	(5)	(6)
	总样本 *OInvest*	总样本 *OInvest*	总样本 *OInvest*	*ELoan*>0 *OInvest*	*ELoan*>0 *OInvest*	*ELoan*>0 *OInvest*
*ELoan*1	0.022*** (13.41)			0.027*** (14.35)		
*Agency*3	-0.001 (-0.99)	0.001 (0.64)	0.005*** (4.03)	-0.008*** (-5.04)	-0.001 (-0.53)	0.005*** (3.30)
*ELoan*1× *Agency*3	0.019*** (6.86)			0.021*** (6.82)		
*ELoan*2		0.013*** (10.19)			0.021*** (11.96)	
*ELoan*2× *Agency*3		0.016*** (4.22)			0.030*** (4.90)	
*ELoan*3			0.058*** (13.20)			0.097*** (14.76)
*ELoan*3× *Agency*3			0.085*** (11.37)			0.096*** (10.41)
adj. R^2	0.21	0.12	0.16	0.38	0.24	0.30
F	16.35	10.89	17.02	22.62	12.38	16.86
N	9430	9430	9430	4142	4142	4142

注：*、**、***分别表示显著性水平 10%、5%、1%，括号中的数字为双尾检验的 t 值。

3. 公司超额银行借款、机构投资者持股与过度投资

机构投资者持股是否可以缓解公司超额银行借款的过度投资行为？对于该问题的检验结果列示于表 5-6。机构投资者持股与超额银行借款交乘项（*ELoan×IDummy*）回归系数在全样本和超额银行借款大于 0 的样本中显著为负，表明机构投资者为了保持其资本价值和投资收益，有

动机和能力对公司管理层进行监督，减少管理层利用公司超额银行借款进行过度投资的行为，缓解自由现金流的代理问题。

表 5-6　公司超额银行借款、机构投资者持股（*IDummy*）与过度投资

	(1)	(2)	(3)	(4)	(5)	(6)
	总样本 *OInvest*	总样本 *OInvest*	总样本 *OInvest*	*ELoan*>0 *OInvest*	*ELoan*>0 *OInvest*	*ELoan*>0 *OInvest*
*ELoan*1	0.033*** (10.93)			0.038*** (4.08)		
IDummy	0.008*** (6.67)	0.004*** (3.10)	-0.000 (-0.03)	0.010*** (5.76)	0.004** (2.32)	0.001 (0.44)
*ELoan*1× *IDummy*	-0.016*** (-3.89)			-0.016*** (-2.97)		
*ELoan*2		0.028*** (7.67)			0.033*** (10.47)	
*ELoan*2× *IDummy*		-0.024*** (-5.73)			-0.025*** (-4.78)	
*ELoan*3			0.123*** (8.46)			0.148*** (5.01)
*ELoan*3× *IDummy*			-0.084*** (-5.30)			-0.085*** (-4.43)
Size	0.004*** (6.68)	-0.001** (-2.57)	-0.001*** (-3.11)	0.010*** (8.10)	-0.001 (-1.17)	-0.005*** (-5.12)
Lev	-0.005* (-1.92)	-0.010*** (-3.94)	-0.033*** (-10.00)	-0.004 (-1.11)	-0.008** (-2.25)	-0.043*** (-9.22)
MB	-0.000*** (-3.73)	0.000** (2.21)	0.000*** (4.56)	-0.000*** (-2.81)	0.000 (1.30)	0.000*** (3.20)
ROE	0.009*** (3.24)	0.008*** (2.75)	0.014*** (4.60)	0.007* (1.90)	0.010*** (2.67)	0.016*** (4.12)
Tang	0.001 (0.45)	0.000 (0.06)	-0.003 (-1.21)	-0.004 (-1.12)	-0.010*** (-2.87)	-0.014*** (-3.99)

续表

	(1)	(2)	(3)	(4)	(5)	(6)
	总样本 *OInvest*	总样本 *OInvest*	总样本 *OInvest*	*ELoan*>0 *OInvest*	*ELoan*>0 *OInvest*	*ELoan*>0 *OInvest*
Growth	0. 001 (0. 88)	0. 000 (0. 49)	0. 001 (1. 13)	-0. 000 (-0. 28)	-0. 000 (-0. 60)	0. 000 (0. 44)
IndRatio	0. 002 (0. 34)	0. 014** (2. 03)	0. 012* (1. 79)	-0. 002 (-0. 16)	0. 012 (1. 19)	0. 013 (1. 25)
State	-0. 001 (-1. 39)	-0. 002* (-1. 94)	-0. 001 (-0. 68)	-0. 002 (-1. 54)	-0. 002* (-1. 92)	-0. 001 (-0. 57)
Constant	-0. 043*** (-3. 91)	0. 053*** (5. 92)	0. 074*** (8. 21)	-0. 177*** (-7. 05)	0. 052*** (2. 70)	0. 150*** (7. 41)
Years	Yes	Yes	Yes	Yes	Yes	Yes
Industries	Ycs	Yes	Yes	Yes	Yes	Yes
adj. R^2	0. 23	0. 17	0. 19	0. 39	0. 30	0. 33
F	16. 91	13. 83	18. 05	24. 31	11. 79	15. 25
N	9430	9430	9430	4142	4142	4142

注：*、**、***分别表示显著性水平 10%、5%、1%，括号中的数字为双尾检验的 t 值。

此外，本章还考察了机构投资者持股比例对于超额银行借款与过度投资关系的影响。结果列于表 5-7。与表 5-6 结果相同，公司超额银行借款与机构投资者持股交乘项（*ELoan*×*IStock*）回归系数在全样本和超额银行借款大于 0 的样本中显著为负，表示随着机构投资者持股比例的提高，其对于公司超额银行借款过度投资行为的抑制作用越大。

表 5-7 超额银行借款、机构投资者持股比例（*IStock*）与过度投资

	(1)	(2)	(3)	(4)	(5)	(6)
	总样本 *OInvest*	总样本 *OInvest*	总样本 *OInvest*	*ELoan*>0 *OInvest*	*ELoan*>0 *OInvest*	*ELoan*>0 *OInvest*
*ELoan*1	0.032*** (8.69)			0.039*** (3.42)		
IStock	0.017*** (3.24)	0.011** (2.21)	0.008 (1.45)	0.051*** (5.44)	0.026*** (3.06)	0.018* (1.95)
*ELoan*1× *IStock*	−0.060*** (−6.13)			−0.082*** (−5.31)		
*ELoan*2		0.018*** (10.96)			0.028*** (3.23)	
*ELoan*2× *IStock*		−0.075*** (−7.83)			−0.115*** (−8.40)	
*ELoan*3			0.082*** (3.48)			0.141*** (7.22)
*ELoan*3× *IStock*			−0.129*** (−4.26)			−0.185*** (−4.61)
Size	0.005*** (8.27)	−0.001*** (−2.93)	−0.002*** (−3.51)	0.011*** (8.40)	−0.002 (−1.58)	−0.008*** (−6.51)
Lev	−0.005* (−1.92)	−0.008*** (−2.84)	−0.043*** (−10.14)	−0.006 (−1.54)	−0.008** (−1.97)	−0.070*** (−11.82)
MB	−0.001*** (−4.65)	0.000 (1.39)	0.000*** (3.38)	−0.001*** (−3.55)	0.000 (1.03)	0.001*** (2.84)
ROE	0.009** (2.42)	0.007* (1.67)	0.014*** (3.31)	0.008 (1.57)	0.011** (2.00)	0.015** (2.54)
Tang	0.002 (0.75)	0.002 (0.72)	−0.004 (−1.34)	−0.003 (−0.82)	−0.009** (−2.33)	−0.017*** (−4.24)
Growth	0.001 (1.09)	0.001 (0.96)	0.000 (0.47)	−0.000 (−0.40)	−0.001 (−0.66)	−0.001 (−0.57)

续表

	(1)	(2)	(3)	(4)	(5)	(6)
	总样本 *OInvest*	总样本 *OInvest*	总样本 *OInvest*	*ELoan*>0 *OInvest*	*ELoan*>0 *OInvest*	*ELoan*>0 *OInvest*
IndRatio	0.002 (0.24)	0.011 (1.62)	0.007 (1.05)	−0.002 (−0.18)	0.007 (0.57)	0.004 (0.37)
State	−0.001 (−1.05)	−0.002* (−1.81)	−0.000 (−0.50)	−0.001 (−0.64)	−0.002 (−1.45)	−0.001 (−0.50)
Constant	−0.063*** (−5.07)	0.066*** (6.68)	0.088*** (8.63)	−0.202*** (−7.38)	0.074*** (3.11)	0.218*** (8.51)
Years	Yes	Yes	Yes	Yes	Yes	Yes
Industries	Yes	Yes	Yes	Yes	Yes	Yes
adj. R^2	0.19	0.12	0.13	0.37	0.25	0.27
F	15.60	10.12	11.69	17.20	9.38	9.91
N	7863	7863	7863	3047	3047	3047

注：*、**、***分别表示显著性水平10%、5%、1%，括号中的数字为双尾检验的t值。

进一步，已有研究表明，机构投资者监督公司会产生收集信息、实施监管等方面的成本。因此，机构投资者会权衡其收益和成本，来确定投资策略。而随着持股公司的时间增长，机构投资者对管理层的影响会更大，更容易获得公司信息，其通过监督管理层获得的收益会越多。因此，长期稳定型机构投资者会追求监督收益，而短期交易型机构投资者会追求交易收益（Chen et al.，2007）。Bushee（1998）证明，稳定型机构投资者会减少公司管理层的短视行为，而短期交易型机构投资者反而会增加管理层的短视行为。国内学者同样从股票市场收益率和稳定性（刘京军和徐浩萍，2012）、公司会计信息稳健性（李争光等，2015）、盈余管理（罗付岩，2015）等市场和公司层面证明不同类型机构投资者发挥着不同的作用。那么，对于公司超额银行借款的过度投资行为，不同类型机构投资者是否发挥着不同的作用？本章参考李争光等（2015）的做法，将公司分为被稳定型机构投资者持股和交易型机构投资者持股两类进行考察，具体分类方法如下：

首先，度量公司证券投资基金持股的变动情况：

$$ISD_{i,t}=\frac{Istock_{i,t}}{STD(Istock_{i,t-3},\ Istock_{i,t-2},\ Istock_{i,t-1})} \tag{5.3}$$

其中，$STD(Istock_{i,t-3},\ Istock_{i,t-2},\ Istock_{i,t-1})$表示公司过去三年证券投资基金持股比例的标准差，在持股比例一定的情况下，若该公司过去三年证券投资基金持股比例标准差越小，则表明该公司证券投资基金持股比例的变动越小，证券投资基金持股的稳定性越强。即$ISD_{i,t}$越大，表示公司证券投资基金持股稳定性越强。

其次，设置 *IStable* 虚拟变量，当$ISD_{i,t}$大于公司所在年度、行业的中位数时，$IStable=1$；反之，$IStable=0$。

回归结果见表5-8和表5-9。表5-8和表5-9的结果显示，公司超额银行借款和机构投资者稳定性交乘项（$ELoan\times ISD$，$ELoan\times IStable$）在总样本和超额银行借款大于0的样本中显著为负，说明当公司的机构投资者稳定性较低时，机构投资者多出于短期交易目的，其对公司的情况了解不够深入，监督公司的成本相对较高，因此更关注交易收益，不会发挥对上市公司的监管作用（刘京军和徐浩萍，2012）。而随着机构投资者稳定性的增强，公司的机构投资者对公司的状况有更加深入的了解，对管理层产生的影响更大，其更加注重自身的监管收益，同时也会关注公司的长期经营业绩，因此会发挥更为积极的监督治理作用（Chen et al.，2007；李争光等，2015），进而有效抑制公司超额银行借款的过度投资行为。

表 5-8 公司超额银行借款、机构投资者类型（*ISD*）与过度投资

	(1)	(2)	(3)	(4)	(5)	(6)
	总样本 *OInvest*	总样本 *OInvest*	总样本 *OInvest*	*ELoan*>0 *OInvest*	*ELoan*>0 *OInvest*	*ELoan*>0 *OInvest*
*ELoan*1	0.030*** (4.85)			0.039*** (9.13)		
ISD	0.000 (1.54)	0.000 (1.30)	-0.000 (-0.03)	0.000*** (3.37)	0.000 (0.98)	-0.000 (-0.26)
*ELoan*1×*ISD*	-0.000*** (-5.40)			-0.000*** (-4.87)		
*ELoan*2		0.013*** (7.84)			0.024*** (9.16)	
*ELoan*2×*ISD*		-0.000*** (-4.18)			-0.001*** (-3.54)	
*ELoan*3			0.065*** (10.62)			0.125*** (12.60)
*ELoan*3×*ISD*			-0.001*** (-5.51)			-0.001*** (-4.77)
Size	0.005*** (8.12)	-0.001 (-1.49)	-0.001* (-1.86)	0.012*** (8.53)	0.000 (0.10)	-0.005*** (-4.07)
Lev	-0.007** (-2.33)	-0.008*** (-2.64)	-0.036*** (-8.13)	-0.010** (-2.38)	-0.012** (-2.56)	-0.069*** (-9.83)
MB	-0.000* (-1.81)	0.000 (1.50)	0.000*** (2.85)	-0.000 (-0.51)	0.000* (1.82)	0.001*** (2.90)
ROE	0.015*** (3.85)	0.009** (2.06)	0.016*** (3.65)	0.019*** (3.50)	0.016*** (2.61)	0.019*** (2.75)
Tang	0.003 (1.15)	0.004 (1.35)	-0.001 (-0.31)	-0.003 (-0.76)	-0.005 (-1.12)	-0.013*** (-2.91)
Growth	0.000 (0.40)	0.001 (0.65)	0.000 (0.46)	-0.002 (-1.40)	-0.002 (-1.26)	-0.001 (-1.04)

续表

	(1)	(2)	(3)	(4)	(5)	(6)
	总样本 *OInvest*	总样本 *OInvest*	总样本 *OInvest*	*ELoan*>0 *OInvest*	*ELoan*>0 *OInvest*	*ELoan*>0 *OInvest*
IndRatio	0. 004 (0. 53)	0. 012 (1. 57)	0. 008 (1. 15)	0. 004 (0. 33)	0. 008 (0. 63)	0. 008 (0. 64)
State	−0. 001 (−1. 28)	−0. 002** (−2. 38)	−0. 001 (−1. 25)	0. 000 (0. 02)	−0. 002 (−1. 48)	−0. 001 (−0. 80)
Constant	−0. 068*** (−5. 09)	0. 054*** (5. 10)	0. 069*** (6. 52)	−0. 229*** (−7. 62)	0. 033 (1. 18)	0. 167*** (5. 76)
Years	Yes	Yes	Yes	Yes	Yes	Yes
Industries	Yes	Yes	Yes	Yes	Yes	Yes
adj. R^2	0. 16	0. 09	0. 11	0. 35	0. 20	0. 23
F	11. 07	7. 64	8. 73	14. 81	10. 58	7. 11
N	6858	6858	6858	2391	2391	2391

注：*、**、***分别表示显著性水平 10%、5%、1%，括号中的数字为双尾检验的 t 值。

表 5-9 公司超额银行借款、机构投资者类型（*IStable*）与过度投资

	(1)	(2)	(3)	(4)	(5)	(6)
	总样本 *OInvest*	总样本 *OInvest*	总样本 *OInvest*	*ELoan*>0 *OInvest*	*ELoan*>0 *OInvest*	*ELoan*>0 *OInvest*
*ELoan*1	0. 033*** (16. 40)			0. 040*** (20. 67)		
IStable	0. 000 (0. 54)	0. 001 (1. 33)	−0. 000 (−0. 20)	0. 006*** (5. 08)	0. 002 (1. 57)	0. 000 (0. 22)
*ELoan*1× *IStable*	−0. 018*** (−10. 29)			−0. 020*** (−9. 56)		
*ELoan*2		0. 017*** (8. 09)			0. 027*** (9. 81)	

续表

	(1)	(2)	(3)	(4)	(5)	(6)
	总样本 *OInvest*	总样本 *OInvest*	总样本 *OInvest*	*ELoan*>0 *OInvest*	*ELoan*>0 *OInvest*	*ELoan*>0 *OInvest*
ELoan2×*IStable*		-0.014*** (-7.16)			-0.020*** (-8.31)	
ELoan3			0.077*** (11.39)			0.130*** (13.19)
ELoan3×*IStable*			-0.039*** (-7.37)			-0.051*** (-7.88)
Size	0.004*** (6.35)	-0.001** (-1.97)	-0.001** (-2.31)	0.010*** (7.45)	0.000 (0.07)	-0.005*** (-3.40)
Lev	-0.005* (-1.72)	-0.007** (-2.48)	-0.035*** (-8.01)	-0.008* (-1.82)	-0.011** (-2.22)	-0.062*** (-9.10)
MB	-0.000** (-2.10)	0.000 (1.40)	0.000*** (2.59)	-0.000 (-0.80)	0.000* (1.71)	0.001*** (2.92)
ROE	0.013*** (3.43)	0.008* (1.95)	0.016*** (3.49)	0.017*** (3.22)	0.016*** (2.64)	0.021*** (2.92)
Tang	0.004 (1.49)	0.004 (1.55)	-0.000 (-0.03)	-0.001 (-0.32)	-0.004 (-0.85)	-0.012*** (-2.75)
Growth	0.001 (0.78)	0.000 (0.51)	0.000 (0.29)	-0.001 (-1.07)	-0.002* (-1.71)	-0.002 (-1.44)
IndRatio	0.005 (0.74)	0.013* (1.78)	0.010 (1.42)	0.007 (0.65)	0.018 (1.46)	0.013 (1.05)
State	-0.001 (-1.44)	-0.002** (-2.35)	-0.001 (-1.37)	0.000 (0.09)	-0.002 (-1.41)	-0.001 (-0.74)
Constant	-0.043*** (-3.30)	0.057*** (5.38)	0.073*** (6.83)	-0.191*** (-6.64)	0.031 (1.09)	0.144*** (4.98)
Years	Yes	Yes	Yes	Yes	Yes	Yes
Industries	Yes	Yes	Yes	Yes	Yes	Yes

续表

	(1)	(2)	(3)	(4)	(5)	(6)
	总样本 *OInvest*	总样本 *OInvest*	总样本 *OInvest*	*ELoan*>0 *OInvest*	*ELoan*>0 *OInvest*	*ELoan*>0 *OInvest*
adj. R^2	0. 17	0. 10	0. 11	0. 37	0. 22	0. 25
F	11. 93	8. 16	9. 28	15. 23	11. 32	8. 02
N	6858	6858	6858	2391	2391	2391

注：*、**、***分别表示显著性水平 10%、5%、1%，括号中的数字为双尾检验的 t 值。

5. 4. 3　稳健性检验

首先，对于通过 Richardson（2006）模型来度量公司过度投资水平，学术界还存在较大的争议。为了增加结论的稳健性，本章还参考 Biddle（2009）的做法，设置公司过度投资虚拟变量。具体方法如下：

$$Investment_{i,t}=\beta_0+\beta_1 Growth_{i,t-1}+\varepsilon_{i,t} \tag{5.4}$$

其中，*Investment* 为公司投资支出，*Growth* 为公司营业收入增长率。按照上述模型，将样本分行业/年份进行回归。将回归后的残差按大小分为 4 组，删除残差值最小的一组，将残差值最大的一组设为过度投资组，*OverDummy*＝1，中间两组作为控制组，*OverDummy*＝0。

然后以过度投资虚拟变量作为被解释变量进行 Logit 回归检验。回归结果见表 5-10。表 5-10 中结果与前文结果类似，在此不再赘述。

表 5-10　公司超额银行借款与过度投资

Panel A：公司超额银行借款与过度投资（*OverDummy*）						
	(1)	(2)	(3)	(4)	(5)	(6)
	总样本	总样本	总样本	*ELoan*>0	*ELoan*>0	*ELoan*>0
*ELoan*1	0. 824*** (11. 45)			0. 914*** (11. 39)		

续表

ELoan2		0.247*** (5.74)			0.422*** (7.61)	
ELoan3			2.651*** (11.36)			3.374*** (11.25)
pseudo R^2	0.04	0.03	0.04	0.07	0.04	0.06
Chi2	331.85	256.60	361.97	242.87	200.21	239.86
N	9086	9086	9086	3976	3976	3976
Panel B：公司超额银行借款、管理者自利（*Agency*1）与过度投资（*OverDummy*）						
	(1)	(2)	(3)	(4)	(5)	(6)
	总样本	总样本	总样本	*ELoan*>0	*ELoan*>0	*ELoan*>0
*ELoan*1	0.702*** (6.69)			0.715*** (6.07)		
*Agency*1	−0.521 (−1.26)	0.018 (0.05)	0.752* (1.83)	−0.780 (−1.60)	−0.064 (−0.15)	0.859* (1.82)
*ELoan*1×*Agency*1	0.517* (1.92)			0.759** (2.44)		
*ELoan*2		0.055 (0.89)			0.206*** (2.78)	
*ELoan*2×*Agency*1		2.099*** (3.52)			2.116*** (3.01)	
*ELoan*3			1.682*** (5.43)			1.968*** (4.78)
*ELoan*3×*Agency*1			9.160*** (5.05)			9.977*** (4.94)
pseudo R^2	0.05	0.03	0.05	0.07	0.05	0.07
Chi2	329.36	260.11	372.53	238.54	193.38	245.81
N	9086	9086	9086	3976	3976	3976

续表

Panel C：公司超额银行借款、机构投资者持股（*IStock*）与过度投资（*OverDummy*）						
	(1)	(2)	(3)	(4)	(5)	(6)
	总样本	总样本	总样本	*ELoan*>0	*ELoan*>0	*ELoan*>0
*ELoan*1	0.988*** (10.12)			1.094*** (9.93)		
IStock	0.997*** (2.60)	0.984*** (2.58)	1.130*** (2.91)	3.700*** (4.96)	1.569** (2.56)	1.197* (1.90)
*ELoan*1× *IStock*	−2.984*** (−4.00)			−8.211*** (−5.37)		
*ELoan*2		0.358*** (6.02)			0.591*** (6.92)	
*ELoan*2× *IStock*		−2.217*** (−4.26)			−5.912*** (−4.15)	
*ELoan*3			2.683*** (9.88)			3.724*** (10.09)
*ELoan*3× *IStock*			0.037 (0.02)			−11.299*** (−3.70)
pseudo R^2	0.05	0.03	0.04	0.08	0.06	0.07
Chi2	304.59	244.52	328.52	228.51	171.51	216.89
N	7623	7623	7623	2951	2951	2951
Panel D：公司超额银行借款、机构投资者稳定性（*ISD*）与过度投资（*OverDummy*）						
	(1)	(2)	(3)	(4)	(5)	(6)
	总样本	总样本	总样本	*ELoan*>0	*ELoan*>0	*ELoan*>0
*ELoan*1	1.008*** (8.38)			1.126*** (7.74)		
ISD	0.002 (0.77)	0.001 (0.49)	−0.001 (−0.26)	0.013*** (2.85)	0.001 (0.43)	−0.001 (−0.29)

续表

ELoan1×ISD	-0.024*** (-3.99)			-0.044*** (-3.70)		
ELoan2		0.301*** (4.77)			0.548*** (5.52)	
ELoan2×ISD		-0.029** (-2.55)			-0.048*** (-3.06)	
ELoan3			2.559*** (8.44)			3.318*** (7.66)
ELoan3×ISD			-0.036*** (-2.62)			-0.051** (-2.20)
pseudo R^2	0.04	0.03	0.04	0.08	0.05	0.06
Chi2	263.70	212.41	276.43	149.08	130.97	146.84
N	6669	6669	6669	2327	2327	2327

注：*、**、***分别表示显著性水平 10%、5%、1%，括号中的数字为双尾检验的 t 值。

此外，公司超额银行借款与过度投资之间可能存在一定的内生性问题。为解决该问题，本章参考 Biddle et al.（2009）以及申宇和赵静梅（2016）的做法，选取公司所在行业当年 *ELoan* 的均值作为公司 *ELoan* 的工具变量进行回归。公司所在行业当年的 *ELoan* 与公司当年的 *ELoan* 高度相关，但与公司当年的过度投资水平无关。回归结果如表 5-11 所示。首先，IV F 值表示工具变量不存在弱工具变量问题，而 DWH 统计量都没有在 10%水平上表现出显著性，即不能拒绝所有解释变量均为外生的假设。而由于 IV 估计量标准误偏大，原有 OLS 估计方法更有优势，说明本章原各回归结果有效性较高。

表 5-11　公司超额银行借款与过度投资（两阶段工具变量稳健性检验）

	(1)		(2)		(3)	
	1st-stage	2nd-stage	1st-stage	2nd-stage	1st-stage	2nd-stage
	ELoan1	*OInvest*	*ELoan2*	*OInvest*	*ELoan3*	*OInvest*
ELoanInstru	1.702*** (10.68)		0.921*** (15.13)		0.822*** (17.67)	
ELoan		0.007*** (2.82)		0.056*** (11.17)		0.111*** (7.20)
Size	-0.228*** (-50.48)	-0.005*** (-7.25)	-0.029*** (-5.52)	-0.001 (-1.50)	0.004*** (2.79)	-0.003*** (-9.25)
Lev	-0.014 (-0.50)	-0.003 (-1.11)	0.325*** (9.83)	-0.026*** (-8.06)	0.433*** (55.29)	-0.053*** (-7.35)
MB	0.028*** (22.13)	0.000 (1.57)	0.002 (1.50)	0.000 (0.21)	-0.002*** (-6.02)	0.000*** (2.66)
ROE	-0.177*** (-4.96)	0.009*** (3.13)	-0.134*** (-3.27)	0.015*** (4.81)	-0.099*** (-10.14)	0.020*** (6.68)
Tang	-0.106*** (-3.82)	0.005** (2.44)	-0.043 (-1.36)	0.005** (2.14)	0.044*** (5.80)	-0.000 (-0.00)
Growth	0.011 (1.22)	0.001 (1.46)	0.028*** (2.75)	-0.000 (-0.25)	0.004 (1.53)	0.000 (0.74)
IndRatio	0.448*** (5.14)	-0.003 (-0.36)	-0.152 (-1.52)	0.007 (0.88)	0.039* (1.65)	-0.009 (-1.34)
State	-0.045*** (-4.46)	0.001 (1.27)	-0.031*** (-2.64)	0.001 (1.54)	-0.028*** (-10.34)	0.004*** (4.66)
Constant	4.746*** (48.29)	0.136*** (9.47)	0.576*** (4.99)	0.048*** (4.90)	-0.290*** (-10.65)	0.124*** (15.69)
Years	Yes	Yes	Yes	Yes	Yes	Yes
Industries	Yes	Yes	Yes	Yes	Yes	Yes
N	9,430	9,430	9,430	9,430	9,430	9,430

续表

	(1)		(2)		(3)	
	1st-stage	2nd-stage	1st-stage	2nd-stage	1st-stage	2nd-stage
	ELoan1	*OInvest*	*ELoan2*	*OInvest*	*ELoan3*	*OInvest*
R^2	0.399	0.272	0.150	0.196	0.372	0.177
IV F 值		941.5***		228.9***		312.3***
DWH p 值		0.21		0.19		0.16

注：*、**、***分别表示显著性水平 10%、5%、1%，括号中的数字为双尾检验的 t 值。

5.5 本章小结

本章利用 2002—2018 年中国资本市场 A 股上市公司数据，分别采用回归分析法、动态调整法和行业均值法三种主要方法计算公司的超额银行借款，实证检验了公司超额银行借款对过度投资行为的影响，并进一步从管理者自利和机构投资者持股视角对二者关系进行了差异性分析。实证研究发现，公司超额银行借款会增加过度投资行为，管理者自利会加剧超额银行借款的过度投资水平，而机构投资者持股则会抑制超额银行借款的过度投资行为。进一步考虑公司机构投资者稳定性后，发现机构投资者稳定性越强，对公司超额银行借款过度投资的抑制作用越显著。本章的研究结果表明，目前中国资本市场资源配置还未充分有效，上市公司存在利用超额信贷资源进行过度投资的现象，造成这种现象的原因之一为股东与管理者之间的代理问题导致的管理者自利倾向。而中国的机构投资者在一定程度上发挥了积极的公司治理作用，有利于减少公司超额银行借款的过度投资行为，在一定程度上保护了外部中小股东的利益。

本章首次从超额银行借款角度实证检验其与公司过度投资的关系，

拓展了公司债务融资对公司投资行为的研究视角；同时从管理层自利内部因素和机构投资者持股这一外部治理因素考察其对于公司超额银行借款所造成的过度投资行为的调节作用，进一步丰富了股东—管理层代理问题以及公司治理领域的研究。自 2000 年以来，中国机构投资者发展迅速，逐渐成为中国资本市场的重要组成部分，而相较于美国等发达资本市场，中国的机构投资者发展还不成熟，其对于公司和市场具体产生了怎样的影响，目前相关探讨还不充分。本章从公司超额银行借款过度投资角度来考察机构投资者的作用，为全面理解中国制度背景下机构投资者的公司治理作用提供了新的证据。

第6章

公司超额银行借款与诉讼风险

6.1 引言

近年来，越来越多的上市公司被卷入诉讼案件，根据 Wind 数据库统计，仅 2015 年，上市公司便披露了 2126 起诉讼事件（包含公司作为原告、被告和第三方）。公司诉讼会分散管理层时间和精力，并产生较大的律师费用，给公司和管理层的声誉带来损害，威胁到公司的健康发展，也会对投资者的利益构成侵害（Field et al.，2005）。学术界已认识到公司诉讼的危害，并对诉讼风险的影响因素进行了一系列探讨。目前，从微观层面看，主要集中在公司信息披露（Field et al.，2005；Skinner，1994）、盈余质量（DuCharme et al.，2004；Gong et al.，2008）、管理层行为（Laux and Stocken，2012）和内部控制（毛新述和孟杰，2013）等方面；从宏观层面上，诉讼环境（Hwang and Chang，2010）、制度环境（Allen et al.，2005）和宏观经济因素（Clemenz and Gugler，2000）也会对公司的诉讼风险构成影响。总体而言，诉讼风险的相关研究在国外已经比较丰富，但是国内对于此命题的讨论尚不充分。此外，国外学者从微观层面对诉讼风险的探讨也多集中于会计盈余及信息披露角度，较少研究公司投融资行为对公司诉讼风险的影响。

已有研究表明，当公司盈余低于投资者预期或公司盈余有大幅下降时，公司的诉讼风险会增加（Field et al.，2005；Skinner，1994），并且公司的盈余信息质量也会对公司诉讼风险产生显著影响（DuCharme et al.，2004；Gong et al.，2008；Cao and Narayanamoorthy，2014）。而公司盈余主要是由公司投融资行为决定的，同时公司的投融资决策也会影响管理层的信息披露行为（江轩宇和许年行，2015）。与成熟资本市场不同，中国上市公司的主要融资渠道依然为银行信贷。那么，公司的超额银行借款将如何影响公司的诉讼风险？由于代理问题的存在，管理层会利用公司的超额资源进行过度投资、在职消费等行为（Jensen，1986），导致公司价值受损，侵害了债权人及投资者的利益；此外，管理层为了自身利益会隐瞒相关的负面消息（江轩宇和许年行，2015）。由公司超额银行借款引起的过度投资所造成的盈余指标和管理层信息披露意愿的下降均会导致公司诉讼风险的增加，因此，本章将首先对超额银行借款与公司诉讼风险之间的关系进行实证检验。

自美国安然事件以及《萨班斯—奥克斯利法案》（Sarbanes Oxley Act，SOX）实施以来，公司内部控制越来越受到学者以及资本市场的重视。中国在 2008 年、2010 年先后颁布了《企业内部控制基本规范》和《内部控制配套指引》，旨在提高中国上市公司的内部控制质量。国内学者研究发现，内部控制质量的提高可以提高公司盈余质量（雷英等，2013），抑制公司非效率投资行为（方红星和金玉娜，2013），降低公司的诉讼风险（毛新述和孟杰，2013）。因此，本章将从内部控制的角度探讨其对公司超额银行借款与诉讼风险关系的影响。此外，除了公司内部治理机制，公司所处的法律和监管环境也会对公司行为产生重要影响（La Porta et al.，1998）。Allen et al.（2005）认为，中国的司法机关独立性较差，法律规范不能有效实施，从而导致公司的诉讼风险增大。此外，在司法效率不高以及地方法律保护主义较强的地区，民事诉讼意味着较高的维权成本，这将影响利益受损方将纠纷诉诸法律的意愿，从而影响公司面临的诉讼风险（潘越等，2015；王彦超等，2016）。随着中国社会主义市场经济改革的实施，不同地区的司法机关独立性及法律规范实施力度存在着较大的差异（樊纲等，2011），这为我们探讨地区法律环境对公司超额银行借款与诉讼风险关系的影响提供了很好的机会。因此，本章探讨的第三个问题是公司超额银行借款与诉讼风险之间的关系在不同的地区法律环境下是否存在差异？

6.2 理论分析与研究假设

有关公司诉讼风险的研究，现有文献主要集中在公司信息披露行为与诉讼风险之间的关系。一方面，学者们探讨了诉讼风险对于信息披露行为的影响。Skinner（1994）较早在分析中指出，在公司公告盈余的当天，若公司股票价格经历了较大幅度的下跌，股东可能会声称管理层没有及时发布盈余的负面信息而起诉公司。因此为了减少公司诉讼带来的相关成本，在遇到负面盈余信息时，管理层自愿发布盈利预警的行为会更多。Cao and Narayanamoorthy（2011）发现拥有坏消息的管理层在公司诉讼风险较高时，更有可能发布负面盈余预测，并且发布时间更早，预测信息更准确。而拥有好消息的管理层盈余预测的发布不会受公司诉讼风险的影响。Billings and Cedergren（2015）也证明了当公司面临较高的诉讼风险时，管理层更有可能为即将到来的负面消息发出警告。但 Rogers and Buskirk（2009）发现管理层会认为自愿披露的信息内容可能被原告拿来作为管理层误导的证据，因此涉及诉讼的公司在涉诉后会减少信息披露行为。Laux and Stocken（2012）通过模型证明，管理层个人承担诉讼惩罚反而会增加其报告错误信息的动机，尤其是在管理层相对于外部投资者更加乐观以及诉讼阻力相对较低和内部控制相对较弱的情况下。另一方面，学者们也检验了及时的信息披露是否会降低公司的诉讼风险。Skinner（1997）在控制了负面消息对于公司管理层及时披露信息动机的影响后，发现及时披露负面消息可以减少公司诉讼风险。Field et al.（2005）、Donelson et al.（2012）通过实证检验发现会计信息的披露确实会降低公司的诉讼风险。而 Francis et al.（1994）发现较早的信息披露会增加公司诉讼的可能性。

还有一些学者从会计稳健性和盈余管理角度探讨了会计信息质量与公司诉讼风险之间的关系。会计稳健性方面，Watts（2003）指出公司面临的诉讼风险是会计稳健性的驱动因素之一。由于会计盈余被高估时公司更有可能发生股东诉讼，因此会计稳健性可以减少公司的诉讼风险。随后，学者们也都证实了事前的诉讼风险是公司会计稳健性的原因之一（Khan and Watts，2009；Chandra，2011）。在盈余管理方面，DuCharme et al.，（2004）研究表明公司在股权再融资之前的一些机会主义的盈余管理行为会增加自己的诉讼风险。Gong et al.（2008）发现公司在并购之前的盈余管理行为会导致公司并购后诉讼风险增加。Cao and Narayanamoorthy（2014）以董事高管的保险溢价作为公司诉讼风险的代理变量，发现公司盈余质量越低，或之前出现过财务重述行为，董事高管支付的保险溢价越高，诉讼风险越高。

目前国内学者对于公司诉讼风险的研究还相对较少。祝继高（2011）发现被起诉公司的会计政策更为稳健，并且非四大国有银行对会计稳健性的要求更高。王彦超等（2016）研究表明公司诉讼风险会提高债务融资成本，并且这一关系在诉讼执行成本较高的地区更加显著。刘启亮等（2013）发现只有在高诉讼风险环境下，媒体的负面报道才会影响公司的审计契约稳定性。此外，毛新述和孟杰（2013）考察了内部控制对诉讼风险的影响，潘越等（2015）探讨了诉讼风险对公司创新活动的影响。

综合以上有关公司诉讼风险的相关文献，我们认为，公司在获得超额银行借款后，会通过影响盈余指标以及管理层信息披露行为来增加公司的诉讼风险。公司的超额银行借款越多，意味着管理层所控制的资金越多，在存在代理问题的情况下，管理层便会利用手中的资源进行在职消费或过度投资，以增加自身利益（Jensen，1986）。Jensen and Meckling（1976）指出过度负债的公司可能会投资于风险较大但成功率较小的项目。Blanchard et al.（1993）发现当公司拥有一大笔意外之财时，管理层会将这些资金投资于较差的项目，而不是向股东分发股利。Lang et al.（1991）证明了发起并购的公司一般都是投资机会不多但拥有大量资金的公司。以上研究均表明，当公司拥有超过自身需要的资金时，会进行过度投资行为，尤其是在中国这一特殊制度背景下，上市公司对管理层的激励和约束机制不完善，银行监督治理作用没有有效发挥，管理层利用超额资源进行过度投资的行为会较为严重（方红星和金玉娜，2013；罗党论等，2012；应千伟和罗党论，2012）。而公司过度投资行为最终必然导致公司经营能力下降，一方面，这可能直接导致公司债务偿付能力和盈余指标的下降，增加公司的诉讼风险。另一方面，管理层也将对相关信息进行隐瞒。如果管理层及时地披露了有关过度投资的真实情况，很可能因为损害到股东价值而遭受股东和董事的制止，迫使项目终止，管理层甚至还面临离职风险。因此，管理层为了自身利益，会刻意隐瞒相关消息，尤其是负面消息，增加公司内外部信息不对称程度（江轩宇和许年行，2015）。而不及时披露负面信息会导致公司诉讼风险增加（Skinner，1994；Skinner，1997；Donelson et al.，2012）。此外，Liu and Elayan（2015）表示，在信息不对称程度较大的情况下，外部股东有较大的倾向认为公司承担的项目发生损失的可能性较大。并且，较严重的信息不对称为管理者夸大收益提供了更多的机会（LaFond and Watts，2008；Kothari et al.，2009），道德风险会激励管理层在信息不对称较严重的情况下抓住这些机会并夸大公司收益。基于此，我们认为，公司获得超额银行借款后，会进行过度投资并隐瞒相关负面信息，最终导致公司诉讼风险增大。例如，零七股份（股票代码：000007）在2015年先后披露了13次公司作为被告的涉诉事件，其中贷款纠纷3件，股权纠纷1件，买卖合同纠纷1件；而根据我们的方法测算出的该公司上一年度的超额银行借款规模非常大，甚至超过了公司总资产。类似的相关上市公司案例，在中国资本市场存在很多。通过以上分析，本章提出如下假设：

H1：公司超额银行借款越多，诉讼风险越大。

自美国安然公司、世通公司等财务舞弊事件发生以来，公司治理越来越受到资本市场和监管机构的关注。2002年美国开始实施SOX法案，明确将内部控制作为公司治理的重要组成部分。财务报告内部控制是一系列确保财务报告信息可信度的政策、流程和程序（Skaife et al.，2013）。当公司的内部控制无效时，由于缺乏正规的机制政策来约束管理层会计方法的选择，管理层便会有较多的决策权来决定会计估计和方法（Hogan and Wilkins，2008），公司的会计盈余质量较低（Doyle et al.，2007）。随着对相关缺陷的补救改善，内部控制水平提高，公司会计盈余的质量也相应得到提高（Ashbaugh-Skaife et al.，2008；Altamuro and Beatty，2010）。国内学者的研究同样发现内部控制水平的提高会抑制盈余管理水平，提高盈余信息质量（雷英等，2013；方红星和金玉娜，2013）。毛新述和孟杰（2013）证实内部控制可以通过改善盈余和信息披露质量来降低诉讼风险。

如前所述，当公司内部控制无效时，管理层会有更多的自主性选择信息披露的内容和方式Hogan and Wilkins（2008），因此会使公司内外部信息不对称程度增加，进而导致更严重的逆向选择和道德风险，尤其是在公司拥有超额银行借款时，公司的过度投资水平会更高，诉讼风险也会相应较大。Cheng et al.（2013）发现与内部控制较为有效的公司相比，内部控制存在缺陷的公司在首次披露内控缺陷之前，非效率投资水平显著较高，当公司不受融资约束时，存在较高的过度投资行为。而在披露内控缺陷之后，公司会改善内部控制水平，非效率投资水平也随之下降。李万福等（2011）证实内部控制可以有效地约束管理层及其他参与者的不恰当投资行为，并激励契约各方作出最优投资决策。基于此，我们认为，对于内部控制较好的公司，即使公司拥有充足的资金或超额银行借款的情况下，也将显著减少公司的过度投资行为，进而减少由此引发的公司诉讼风险。通过以上分析，本章提出如下假设：

H2：内部控制质量的提高会弱化公司超额银行借款与诉讼风险的正相关关系。

La Porta et al.（1998）在"法与金融"的研究中认为较好的法律保护体系和法律环境无论在整体层面还是公司微观层面均会使一个地区的金融系统有较好的产出。因此，地区法律环境也会通过影响管理层及公司的投融资行为，对公司超额银行借款和诉讼风险的关系产生影响。Allen et al.（2005）通过对中国司法系统和金融系统的考察发现，中国对债权人和股东的保护较弱，政府对司法机构的干预较强，司法独立性和法律法规的实施力度较差。潘越等（2015）研究证实，中国的司法地方保护主义将会干扰公司的诉讼结果，在诉讼案件的各环节对当地被诉企业进行保护。在这种环境下，民事诉讼就意味着较高的维权成本（王彦超等，2016），而较高的维权成本会降低利益受损方通过法律手段解决纠纷的意愿，从而影响公司面临的诉讼风险。中国正处于转轨经济时期，随着市场化改革的进行，中国的司法体系也将不断完善，政府对司法系统的干预减少，司法体系独立性增强，执法力度增大。但中国的社会主义市场经济改革是一项从局部试点逐渐发展为全国范围的政策，因此各地区的改革进程及结果存在着较大差异（樊纲等，2011）。不同地区法律环境的差异，同样会影响不同地区公司超额银行借款与诉讼风险的关系。

首先，较好的法律环境会增强商业银行作为债权人对公司的监督治理作用以及提高银行对于贷款的风险管理水平，债务契约合同的执行得到有效保障，银行在公司发生债务违约时受到的干预和阻挠较少，有更大的能力要求赔偿或接管公司（Aghion and Bolton，1992），这将增加管理层机会主义行为的成本，减少公司的道德风险。其次，在法律环境较好的地区，地方政府对于司法体系的干预较少，司法地方保护主义程度较低，执法效率较高，这就意味着一旦公司在日常经营活动中发生了某些侵害公司股东、债权人或合作方的行为，对方将更多地通过法律手段来维护自身利益（王彦超等，2016），给公司带来经济和声誉等方面的不良影响，进一步增加了管理层机会主义行为的成本。此外，较好的法律环境也意味着公司管理层和日常经营活动面临着较多的限制和来自各监管部门的监督，将会增大其隐瞒负面消息或发布虚假信息的难度，且这些行为将受到各部门较为严重的处罚。随着违约成本的增加，公司管理层将减少利用超额银行借款进行过度投资以及隐瞒相关消息的行为，对公司价值和股东及债权人利益侵害的行为也相应减少，进而降低公司的诉讼风险。通过以上分析，本章提出如下假设：

H3：地区法律环境的改善会弱化公司超额银行借款与诉讼风险的正相关关系。

6.3 研究设计

6.3.1 样本选取与数据来源

本章的研究样本选定为 2002—2018 年中国资本市场 A 股上市公司。由于需要利用上市公司上一年度相关财务数据估计本年度目标银行借款，因此我们根据 2001 年的财务数据估算 2002 年公司超额银行借款，并以此类推。根据以往的研究惯例，在样本的选择过程中，我们按照以下条件进行筛选：①剔除金融类上市公司；②剔除财务数据缺失的上市公司；③剔除总资产或所有者权益为负的上市公司；④剔除 ST 类上市公司；⑤剔除当年 IPO 上市公司。为了控制极端值的影响，我们在 1% 水平下对公司层面的所有连续变量进行缩尾处理。本章的主要数据来源为 CSMAR 数据库。

6.3.2 变量选取与模型设定

1. 公司超额银行借款的度量

本章关于公司超额银行借款的度量与第 3 章计算方法一致。

2. 诉讼风险的度量

参考毛新述和孟杰（2013）、潘越等（2015），本章选取被告涉诉次数（*LitiCount*）和涉诉金额（*LitiAmount*）作为诉讼风险的度量指标，其中，涉诉金额以公司总资产进行标准化。我们仅保留了公司为应诉方和连带责任方的诉讼数据。

3. 内部控制质量的度量

参考毛新述和孟杰（2013），首先，选取深圳迪博公司公布的内部控制指数（*Inc*1）作为公司内部控制质量的度量指标，该指数越大，表示公司内部控制水平越高。其次，以发布内部控制报告的上市公司内部控制是否完善虚拟变量（*Inc*2）作为公司内部控制质量的度量指标，若公司当年内部控制报告中披露内部控制不存在缺陷，则取之为1，否则为0。深证证券交易所和上海证券交易所分别在2006年9月和2006年6月发布了《上市公司内部控制指引》，对上市公司披露内部控制评价报告进行了说明，要求上市公司在每个会计年度结束后四个月内送报公司内部控制自我评价报告，因此在以内部控制是否完善虚拟变量作为内部控制质量的度量指标时，研究区间为2007—2018年。

4. 地区法律环境的度量（*Law*）

本章选用目前被广泛使用的樊纲等（2011）和王小鲁等（2017）编制的中国各地区市场化指数中的公司所在地区法律制度环境指数（*Law*1）作为地区法律环境的代理变量，该指数越大，表示地区法律环境越好。对于2003—2007年的样本，我们使用樊纲等（2011）的地区法律制度环境指数来度量地区法律环境。对于2008—2018年的样本，我们使用王小鲁等（2017）的地区法律制度环境指数来度量地区法律环境。由于王小鲁等（2017）的指标只到2014年，我们对于2015—2018年的数据根据以前年度该指数的增长趋势推算。

此外，参考潘越等（2015），选取中国社会科学院李林和田禾编制的《中国法治发展报告》中各地区高级人民法院司法透明度（*Law*2）作为地区法律环境的度量指标，该指标越大，表示地区司法透明度越高，地区法律环境越好。《中国法治发展报告》首次于2012年公布了2011年的相关数据，因此在以司法透明度为地区法律环境的代理指标时，研究区间为2011—2018年。

5. 模型设定

本章采用PSM选择配对样本的模型如下：

$$Logit(Litigation_{i,t})=\beta_0+\beta_1 Size_{i,t-1}+\beta_2 Growth_{i,t-1}+\beta_3 ROA_{i,t-1}+\beta_4 Lev_{i,t-1}+\beta_5 Tang_{i,t-1}+\beta_6 CFO_{i,t-1}+\beta_7 Ret12+\beta_8 NORec_{i,t-1}+\beta_9 Ind+\varepsilon_{i,t-1} \quad (6.1)$$

其中，*litigation* 为虚拟变量，当公司在 *t* 年作为被告涉诉时，取值为 1，否则为 0。另外，参考王彦超等（2016），设置影响公司诉讼风险的变量：公司规模（*Size*），营业收入增长率（*Growth*），资产收益率（*ROA*），资产负债率（*Lev*），资产结构（*Tang*），经营活动现金净流量（*CFO*），公司股票回报率（*Return*），大股东资金占用（*NORec*）和行业（*Ind*）等。

本章采用如下回归模型进行检验：

$$Litigation_{i,t}=\beta_0+\beta_1 Eloan_{i,t-1}+Controls+\varepsilon_{i,t} \quad (6.2)$$

$$Litigation_{i,t}=\beta_0+\beta_1 Eloan_{i,t-1}+\beta_2 Inc_{i,t-1}+\beta_3 Eloan_{i,t-1}\times Inc_{i,t-1}+Controls+\varepsilon_{i,t} \quad (6.3)$$

$$Litigation_{i,t-1}=\beta_0+\beta_1 Eloan_{i,t-1}+\beta_2 Law_{i,t-1}+\beta_3 Eloan_{i,t-1}\times Law_{i,t-1}+Controls+\varepsilon_{i,t} \quad (6.4)$$

其中，*ELoan* 为公司超额银行借款代理变量（*ELoan*1 采用回归分析法估计，*ELoan*2 采用动态调整法估计，*ELoan*3 采用行业均值法估计）；*Inc* 为内部控制质量代理变量；*Law* 为地区法律环境代理变量。此外，参考已有相关文献，还设置若干个控制变量，具体包括公司规模（*Size*）、资产收益率（*ROA*）、经营活动现金净流量（*CFO*）、公司是否亏损（*Loss*）、产权性质（*State*）、公司股票回报率（*Return*），股权集中度（*Top*1），大股东资金占用（*NORec*）以及年份（*Year*）和行业（*Industry*）等。

表 6-1 列示了主要变量具体定义。

表 6-1　主要变量定义

变量符号	变量名称	变量定义
Eloan	超额银行借款	实际银行借款-目标银行借款
LitiCount	诉讼风险	被告涉诉次数
LitiAmount		被告涉诉金额/总资产
*Inc*1	内部控制质量	迪博公司发布的内部控制指数
*Inc*2		若公司当年内部控制自我评价报告表示内部控制不存在缺陷，取之为 1，否则为 0
*Law*1	地区法律环境	樊纲等（2011）和王小鲁（2017）编制的中国市场化指数中的相关指标
*Law*2		《中国法治发展报告》中各地区高级人民法院司法透明度
Size	公司规模	总资产的自然对数
Growth	营业收入增长率	［*t* 年营业收入-（*t*-1）年营业收入］/（*t*-1）年营业收入
Lev	资产负债率	总负债/总资产
Tang	资产结构	（固定资产+存货）/总资产
ROA	资产收益率	净利润/总资产
CFO	经营活动现金净流量	经营活动产生的现金流量净额/总资产
Return	公司股票回报率	考虑现金红利再投资的月个股回报率计算得出 $\prod_{i}^{-1}=-12(Ret_i+1)-1$
*Top*1	股权集中度	第一大股东持股比例
NORec	大股东资金占有	其他应收款净额/总资产
State	产权性质	虚拟变量，若公司实际控制人为国有控股，则取值为 1，否则为 0
Industry	行业	虚拟变量
Year	年份	虚拟变量

6.4 实证检验结果

6.4.1 描述性统计及单变量检验

表 6-1 是主要变量的描述性统计，可以看出，平均而言，样本公司每年存在 1.94 次诉讼，其中部分上市公司一年存在多次诉讼事件。涉诉金额（*LitiAmount*）在各被告公司中也存在较大差异，最小值为 0，最大值占公司总资产的 38.9%。内部控制水平在样本公司中差异较大，其中，内部控制指数（*Inc*1）的最小值为 0，最大值达到了 888.5；50%以上的样本内部控制不存在缺陷。其次，样本公司所在地的法律制度环境差异也较大，其中地区法律制度环境指数（*Law*1）的最小值为 3.34，最大值为 29.91；地区高级人民法院司法透明度指数（*Law*2）的最小值为 19.00，最大值为 84.87。

表 6-2 主要变量描述性统计

	Count	Mean	S. D.	Min	P25	P50	P75	Max
LitiCount	6749	1.940	3.907	0.000	0.000	1.000	2.000	18.000
LitiAmount	6749	0.027	0.080	0.000	0.000	0.000	0.007	0.389
*Inc*1	6749	607.941	176.819	0.000	585.500	655.200	696.650	888.500
*Inc*2	5058	0.674	0.469	0.000	0.000	1.000	1.000	1.000
*Law*1	6749	13.280	7.354	3.340	7.279	10.882	19.324	29.912
*Law*2	4873	60.549	12.826	19.000	54.450	60.940	68.700	84.870
State	6749	0.470	0.499	0.000	0.000	0.000	1.000	1.000
ROA	6749	0.019	0.080	−0.413	0.007	0.026	0.052	0.183
Loss	6749	0.153	0.360	0.000	0.000	0.000	0.000	1.000
Size	6749	21.978	1.291	19.410	21.093	21.832	22.771	25.722
CFO	6749	0.037	0.078	−0.218	−0.004	0.035	0.080	0.259

续表

	Count	Mean	S. D.	Min	P25	P50	P75	Max
Return	6749	0. 215	0. 764	−0. 729	−0. 300	−0. 028	0. 505	3. 233
*Top*1	6749	0. 343	0. 151	0. 081	0. 224	0. 315	0. 448	0. 727
NORec	6749	0. 032	0. 059	0. 000	0. 005	0. 012	0. 032	0. 396

6. 4. 2　回归检验

1. 公司超额银行借款与诉讼风险

表 6−3 列示了超额银行借款与诉讼风险的回归结果。(1)、(2)、(3) 列分别为采用回归分析法（*ELoan*1)、动态调整法（*ELoan*2）和行业均值法（*ELoan*3）计算出的超额银行借款与公司涉诉次数的回归结果，(4)、(5)、(6) 列为超额银行借款与公司涉诉金额的回归结果。由超额银行借款（*ELoan*）的回归系数均在 1%水平下显著为正可以得出，公司超额银行借款会加剧公司的诉讼风险。在获得银行借款之后，管理层为了获得控制权私有收益，会进行非效率投资或其他有损公司价值的经营行为，这会降低公司的经营能力，增加公司未来不能按时偿还负债的风险；此外，管理层也会对一些负面消息进行隐瞒，进一步增加公司的信息不对称程度，公司的诉讼风险也将进一步增大。回归结果验证了假设 1。

表 6−3　公司超额银行借款与诉讼风险

	(1)	(2)	(3)	(4)	(5)	(6)
	LitiCount	*LitiCount*	*LitiCount*	*LitiAmount*	*LitiAmount*	*LitiAmount*
*ELoan*1	2. 202*** (5. 31)			0. 064*** (3. 72)		
*ELoan*2		3. 470*** (4. 71)			0. 082*** (5. 17)	

续表

	(1)	(2)	(3)	(4)	(5)	(6)
	LitiCount	*LitiCount*	*LitiCount*	*LitiAmount*	*LitiAmount*	*LitiAmoun*
ELoan3			7. 029***			0. 197***
			(3. 60)			(3. 87)
State	-0. 092	-0. 138	0. 059	-0. 002	-0. 003	0. 003
	(-0. 52)	(-0. 87)	(0. 34)	(-0. 40)	(-0. 86)	(0. 68)
ROA	-11. 654***	-10. 505***	-9. 639***	-0. 271***	-0. 248***	-0. 217***
	(-7. 21)	(-6. 91)	(-5. 83)	(-8. 03)	(-7. 65)	(-6. 18)
Loss	0. 610**	0. 497*	0. 466	0. 008	0. 005	0. 004
	(1. 99)	(1. 78)	(1. 52)	(1. 25)	(0. 93)	(0. 62)
Size	0. 587***	0. 211***	-0. 233***	0. 006***	-0. 007***	-0. 018***
	(6. 67)	(3. 07)	(-2. 99)	(3. 32)	(-4. 74)	(-10. 99)
CFO	-0. 256	-1. 089	0. 240	0. 002	-0. 021	0. 014
	(-0. 22)	(-1. 02)	(0. 20)	(0. 07)	(-0. 91)	(0. 53)
Return	-0. 301*	-0. 231	-0. 299*	-0. 005	-0. 003	-0. 005
	(-1. 79)	(-1. 54)	(-1. 78)	(-1. 36)	(-0. 75)	(-1. 25)
Top1	-2. 139***	-1. 323***	-1. 638***	-0. 063***	-0. 045***	-0. 051***
	(-3. 74)	(-2. 59)	(-2. 84)	(-5. 37)	(-4. 48)	(-4. 25)
NORec	12. 615***	10. 393***	13. 695***	0. 278***	0. 231***	0. 310***
	(7. 84)	(7. 36)	(8. 61)	(8. 32)	(7. 19)	(9. 13)
Constant	-14. 446***	-5. 902***	2. 464	-0. 183***	0. 102***	0. 323***
	(-7. 85)	(-4. 10)	(1. 52)	(-4. 79)	(3. 49)	(9. 24)
Years	Yes	Yes	Yes	Yes	Yes	Yes
Industries	Yes	Yes	Yes	Yes	Yes	Yes
adj. R^2	0. 03	0. 06	0. 03	0. 09	0. 12	0. 11
F	21. 78	45. 51	22. 72	33. 58	55. 86	30. 84
N	6743	6749	6749	6743	6749	6749

注：*、**、***分别表示显著性水平 10%、5%、1%，括号中的数字为双尾检验的 t 值。

进一步，本章按照案件的涉诉缘由，同时参考案件内容，将所有诉讼案件分为两大类：与债务偿付相关类诉讼和其他类诉讼。其中，债务偿付相关类诉讼的涉案缘由包括：贷款纠纷，票据纠纷，破产、清算、重组纠纷，欠款纠纷；其余类型的涉案缘由为其他类诉讼，主要包括：不当竞争纠纷，采购合同纠纷，股东纠纷，建设工程合同纠纷，欺诈、虚假信息责任纠纷，委托代理纠纷等。然后将两类样本分别进行回归，回归结果见表 6-4 和表 6-5。结果表明，无论是债务偿付类诉讼还是其他类诉讼，超额银行借款与诉讼风险之间都是显著正相关的关系。由于两类诉讼案件中超额银行借款与诉讼风险的关系没有区别，在后续研究中，我们不再做区分。

表 6-4　公司超额银行借款与诉讼风险（债务偿付类诉讼）

	(1)	(2)	(3)	(4)	(5)	(6)
	LitiCount	*LitiCount*	*LitiCount*	*LitiAmount*	*LitiAmount*	*LitiAmount*
*ELoan*1	4.119*** (6.29)			0.032*** (4.27)		
*ELoan*2		3.018*** (4.55)			0.054*** (9.64)	
*ELoan*3			12.489*** (4.82)			0.066*** (3.20)
State	0.318 (1.01)	0.407 (1.30)	0.513 (1.63)	0.001 (0.08)	−0.002 (−0.30)	0.002 (0.35)
ROA	−9.046*** (−3.69)	−7.603*** (−3.02)	−6.452*** (−2.60)	−0.271*** (−5.76)	−0.251*** (−5.35)	−0.257*** (−5.35)
Loss	−0.093 (−0.17)	0.040 (0.07)	−0.585 (−1.11)	−0.023*** (−2.67)	−0.021** (−2.49)	−0.026*** (−3.01)
Size	1.089*** (6.25)	−0.039 (−0.26)	−0.565*** (−3.91)	−0.010*** (−3.41)	−0.016*** (−6.56)	−0.022*** (−8.19)

续表

	(1)	(2)	(3)	(4)	(5)	(6)
	LitiCount	*LitiCount*	*LitiCount*	*LitiAmount*	*LitiAmount*	*LitiAmount*
CFO	-0.840 (-0.40)	-3.980* (-1.83)	-0.479 (-0.23)	-0.005 (-0.11)	-0.030 (-0.75)	-0.010 (-0.23)
Return	-0.462 (-1.62)	-0.464 (-1.64)	-0.317 (-1.12)	-0.002 (-0.31)	-0.001 (-0.20)	-0.002 (-0.22)
*Top*1	-2.825*** (-2.69)	-2.214** (-2.16)	-2.343** (-2.21)	-0.059*** (-3.30)	-0.047*** (-2.97)	-0.058*** (-3.17)
NORec	5.125** (2.33)	4.333** (2.11)	6.265*** (2.86)	0.202*** (4.69)	0.155*** (3.58)	0.216*** (5.01)
Constant	-19.574*** (-5.46)	4.268 (1.36)	14.632*** (4.86)	0.253*** (4.17)	0.379*** (7.54)	0.504*** (9.00)
Years	Yes	Yes	Yes	Yes	Yes	Yes
Industries	Yes	Yes	Yes	Yes	Yes	Yes
adj. R^2	0.05	0.05	0.04	0.04	0.06	0.05
F	26.37	17.00	17.19	15.78	20.86	15.22
N	1200	1201	1201	1200	1201	1201

注：*、**、***分别表示显著性水平 10%、5%、1%，括号中的数字为双尾检验的 t 值。

表 6-5 公司超额银行借款与诉讼风险（其他类诉讼）

	(1)	(2)	(3)	(4)	(5)	(6)
	LitiCount	*LitiCount*	*LitiCount*	*LitiAmount*	*LitiAmount*	*LitiAmount*
*ELoan*1	1.335*** (5.51)			0.103*** (3.53)		
*ELoan*2		2.407*** (2.70)			0.077*** (4.22)	
*ELoan*3			1.844*** (3.60)			0.258*** (3.50)

续表

	(1)	(2)	(3)	(4)	(5)	(6)
	LitiCount	*LitiCount*	*LitiCount*	*LitiAmount*	*LitiAmount*	*LitiAmount*
State	−0.106 (−0.76)	−0.065 (−0.53)	−0.029 (−0.20)	0.001 (0.17)	0.005 (1.19)	0.007 (1.49)
ROA	−0.597 (−0.47)	−1.244 (−1.21)	−0.466 (−0.37)	−0.084* (−1.83)	−0.132*** (−2.81)	−0.025 (−0.51)
Loss	0.496* (1.95)	0.069 (0.34)	0.503* (1.90)	0.015* (1.85)	0.006 (0.79)	0.019 (1.26)
Size	0.334*** (4.49)	0.160*** (3.04)	−0.101 (−1.52)	0.010*** (4.83)	−0.015*** (−7.76)	−0.027*** (−13.22)
CFO	−0.105 (−0.13)	−0.080 (−0.12)	−0.297 (−0.35)	0.014 (0.50)	−0.013 (−0.43)	0.026 (0.85)
Return	−0.000 (−0.00)	−0.034 (−0.27)	0.033 (0.23)	−0.005 (−1.24)	−0.002 (−0.37)	−0.005 (−0.99)
*Top*1	−0.194 (−0.43)	−0.058 (−0.15)	−0.096 (−0.21)	−0.042*** (−3.13)	−0.044*** (−3.41)	−0.029** (−2.00)
NORec	−1.165 (−0.96)	−0.928 (−1.01)	0.011 (0.01)	0.004 (0.08)	0.065 (1.34)	0.095* (1.84)
Constant	−5.698*** (−3.73)	−1.768* (−1.67)	3.378** (2.53)	−0.192*** (−4.55)	0.332*** (8.32)	0.563*** (13.31)
Years	Yes	Yes	Yes	Yes	Yes	Yes
Industries	Yes	Yes	Yes	Yes	Yes	Yes
adj. R^2	0.06	0.08	0.06	0.12	0.10	0.09
F	17.98	16.11	17.49	38.72	23.43	16.17
N	2175	2175	2175	2175	2175	2175

注：*、**、***分别表示显著性水平10%、5%、1%，括号中的数字为双尾检验的t值。

2. 公司超额银行借款、内部控制与诉讼风险

公司内部控制水平的提高可以约束公司的不道德行为，提高公司的

信息披露质量，进而可能会弱化公司超额银行借款与诉讼风险之间的正相关关系。表 6-6 列示了对于该命题的实证检验结果，列示方式与前文相同。回归结果显示，超额银行借款（*ELoan*）的系数依然显著为正，内部控制质量（*Inc*1）的系数显著为负，表示内部控制质量的提高会减少公司的诉讼风险。超额银行借款与内部控制质量的交乘项（*ELoan*×*Inc*1）系数显著为负，证实内部控制质量的提高会弱化公司超额银行借款与诉讼风险之间的正相关关系，验证了假设 2。

表 6-6　公司超额银行借款、内部控制（*Inc*1）与诉讼风险

	(1)	(2)	(3)	(4)	(5)	(6)
	LitiCount	*LitiCount*	*LitiCount*	*LitiAmount*	*LitiAmount*	*LitiAmount*
*ELoan*1	2.938*** (13.95)			0.095*** (18.90)		
*Inc*1	−0.006*** (−9.96)	−0.006*** (−11.27)	−0.007*** (−11.57)	−0.000*** (−6.91)	−0.000*** (−8.84)	−0.000*** (−9.18)
*ELoan*1×*Inc*1	−0.004*** (−3.48)			−0.000*** (−3.71)		
*ELoan*2		3.908*** (23.50)			0.099*** (30.22)	
*ELoan*2×*Inc*1		−0.004*** (−9.88)			−0.000*** (−10.53)	
*ELoan*3			12.648*** (11.79)			0.347*** (4.50)
*ELoan*3×*Inc*1			−0.015*** (−8.33)			−0.000*** (−9.72)
State	−0.046 (−0.28)	−0.177 (−1.16)	−0.055 (−0.33)	−0.000 (−0.03)	−0.003 (−1.02)	0.000 (0.01)
ROA	−8.626*** (−5.54)	−7.614*** (−5.17)	−8.175*** (−5.13)	−0.218*** (−6.50)	−0.204*** (−6.36)	−0.205*** (−6.06)

续表

	(1)	(2)	(3)	(4)	(5)	(6)
	LitiCount	*LitiCount*	*LitiCount*	*LitiAmount*	*LitiAmount*	*LitiAmount*
Loss	-0. 345 (-1. 15)	-0. 309 (-1. 12)	-0. 526* (-1. 71)	-0. 009 (-1. 37)	-0. 008 (-1. 41)	-0. 014** (-2. 10)
Size	0. 820*** (9. 60)	0. 451*** (6. 61)	0. 227*** (3. 01)	0. 005** (2. 33)	-0. 002 (-1. 18)	-0. 008*** (-4. 81)
CFO	0. 339 (0. 30)	-0. 276 (-0. 27)	0. 052 (0. 05)	0. 013 (0. 53)	-0. 000 (-0. 02)	0. 004 (0. 14)
Return	-0. 191 (-1. 21)	-0. 151 (-1. 06)	-0. 205 (-1. 28)	-0. 003 (-0. 79)	-0. 001 (-0. 20)	-0. 003 (-0. 86)
*Top*1	-1. 291** (-2. 33)	-0. 787 (-1. 59)	-1. 540*** (-2. 76)	-0. 040*** (-3. 60)	-0. 035*** (-3. 65)	-0. 051*** (-4. 43)
NORec	10. 242*** (6. 74)	8. 086*** (5. 93)	11. 081*** (7. 29)	0. 220*** (6. 57)	0. 191*** (5. 97)	0. 262*** (7. 85)
Constant	-10. 492*** (-5. 39)	-4. 401*** (-2. 86)	-2. 007 (-1. 23)	0. 001 (0. 02)	0. 089** (2. 32)	0. 171*** (4. 06)
Years	Yes	Yes	Yes	Yes	Yes	Yes
Industries	Yes	Yes	Yes	Yes	Yes	Yes
adj. R^2	0. 08	0. 11	0. 07	0. 12	0. 12	0. 08
F	16. 45	21. 00	13. 27	23. 69	27. 23	17. 25
N	3506	3506	3510	3506	3506	3510

注：*、**、***分别表示显著性水平 10%、5%、1%，括号中的数字为双尾检验的 t 值。

此外，为了研究结论的稳健性，本章还选取内部控制是否完善（*Inc*2）作为公司内部控制质量的度量指标，回归结果列示于表 6-7 中，与表 6-6 列示方式相同。表中结果显示，超额银行借款（*ELoan*）回归系数显著为正，表示样本中存在内部控制缺陷的公司超额银行借款与诉讼风险显著正相关；超额银行借款与内部控制交乘项系数（*ELoan*×

*Inc*2）显著为负，意味着完善的内部控制机制可以弱化公司超额银行借款与诉讼风险的正相关关系。

表 6-7　公司超额银行借款、内部控制（*Inc*2）与诉讼风险

	(1)	(2)	(3)	(4)	(5)	(6)
	LitiCount	*LitiCount*	*LitiCount*	*LitiAmount*	*LitiAmount*	*LitiAmount*
*ELoan*1	3.312***			0.098***		
	(12.61)			(17.63)		
*Inc*2	1.116***	-0.142	-0.338	0.023***	-0.007*	-0.011**
	(5.34)	(-0.75)	(-1.64)	(5.92)	(-1.90)	(-2.56)
*ELoan*1×*Inc*2	-4.169***			-0.119***		
	(-3.21)			(-3.89)		
*ELoan*2		3.766***			0.089***	
		(20.76)			(22.49)	
*ELoan*2×*Inc*2		-1.440***			-0.027***	
		(-7.61)			(-5.66)	
*ELoan*3			12.478***			0.334***
			(6.16)			(9.19)
*ELoan*3×*Inc*2			-16.163***			-0.368***
			(-7.57)			(-7.64)
State	-0.195	-0.129	0.137	-0.003	-0.002	0.004
	(-0.97)	(-0.68)	(0.68)	(-0.69)	(-0.59)	(1.02)
ROA	-11.955***	-12.665***	-13.558***	-0.230***	-0.261***	-0.277***
	(-6.58)	(-6.92)	(-7.25)	(-5.96)	(-7.00)	(-7.37)
Loss	0.611*	0.521	0.094	0.005	0.005	-0.008
	(1.68)	(1.54)	(0.27)	(0.72)	(0.73)	(-1.08)
Size	0.706***	0.263***	0.032	0.007***	-0.006***	-0.012***
	(7.20)	(3.41)	(0.38)	(3.40)	(-3.92)	(-6.92)
CFO	0.025	-1.300	0.016	0.004	-0.029	0.005
	(0.02)	(-1.03)	(0.01)	(0.16)	(-1.07)	(0.18)

续表

	(1)	(2)	(3)	(4)	(5)	(6)
	LitiCount	*LitiCount*	*LitiCount*	*LitiAmount*	*LitiAmount*	*LitiAmount*
Return	−0.364*	−0.290	−0.365*	−0.004	0.001	−0.002
	(−1.77)	(−1.59)	(−1.91)	(−0.97)	(0.27)	(−0.33)
*Top*1	−1.701***	−1.373**	−1.292**	−0.052***	−0.045***	−0.045***
	(−2.65)	(−2.23)	(−1.98)	(−4.58)	(−4.16)	(−3.63)
NORec	7.188***	10.840***	8.856***	0.110**	0.214***	0.177***
	(2.94)	(4.46)	(3.67)	(2.02)	(4.26)	(3.39)
Constant	−16.056***	−6.077***	−1.023	−0.174***	0.117***	0.245***
	(−7.26)	(−3.54)	(−0.56)	(−3.85)	(3.48)	(6.42)
Years	Yes	Yes	Yes	Yes	Yes	Yes
Industries	Yes	Yes	Yes	Yes	Yes	Yes
adj. R^2	0.06	0.06	0.05	0.10	0.12	0.13
F	25.47	37.27	31.69	41.74	41.69	37.79
N	5057	5058	5058	5057	5058	5058

注：*、**、***分别表示显著性水平 10%、5%、1%，括号中的数字为双尾检验的t值。

3. 公司超额银行借款、地区法律环境与诉讼风险

进一步，本章还考察了公司所在地区的法律制度环境是否也对超额银行借款与诉讼风险之间的关系具有调节作用，以中国地区市场化指数中的地区法律制度环境指数（*Law*1）为代理变量的回归结果列示于表6-8，列示方式与前文相同。从回归结果可以看出，超额银行借款与地区法律环境的交乘项（*ELoan*×*Law*1）系数显著为负，表明地区法律环境的改善可以弱化公司超额银行借款与诉讼风险之间的正相关关系，验证了假设3。随着地区法律环境的提高，法律执行力度和对债权人保护力度增强，银行对于公司的监督治理作用可以有效发挥，管理层所受监管更为严格，公司利用超额银行借款进行过度投资等机会主义行为减

少，信息披露行为更加规范，最终弱化了公司超额银行借款与诉讼风险的正相关关系。

表 6-8 公司超额银行借款、地区法律环境（Law1）与诉讼风险

	(1)	(2)	(3)	(4)	(5)	(6)
	LitiCount	*LitiCount*	*LitiCount*	*LitiAmount*	*LitiAmount*	*LitiAmount*
*ELoan*1	2.959*** (14.20)			0.092*** (19.93)		
*Law*1	0.065*** (5.14)	0.017 (1.54)	0.016 (1.32)	0.001*** (4.95)	0.000 (0.11)	-0.000 (-0.79)
ELoan× *Law*1	-0.134*** (-5.06)			-0.005*** (-6.51)		
*ELoan*2		3.787*** (22.84)			0.097*** (32.27)	
*ELoan*2× *Law*1		-0.139*** (-8.08)			-0.005*** (-9.58)	
*ELoan*3			11.353*** (5.72)			0.365*** (2.84)
*ELoan*3× *Law*1			-0.647*** (-2.96)			-0.025*** (-9.66)
State	0.075 (0.43)	-0.153 (-0.97)	0.044 (0.25)	0.003 (0.75)	-0.003 (-1.07)	-0.000 (-0.02)
ROA	-10.998*** (-6.99)	-10.110*** (-6.83)	-10.125*** (-6.22)	-0.245*** (-7.34)	-0.241*** (-7.61)	-0.238*** (-7.37)
Loss	0.554* (1.86)	0.520* (1.89)	0.442 (1.46)	0.006 (0.94)	0.005 (0.91)	0.002 (0.25)
Size	0.670*** (7.73)	0.282*** (4.04)	0.004 (0.06)	0.004** (1.97)	-0.004*** (-3.06)	-0.008*** (-5.45)
CFO	-0.117 (-0.10)	-1.051 (-1.00)	-0.000 (-0.00)	0.002 (0.06)	-0.015 (-0.67)	0.000 (0.01)

续表

	(1)	(2)	(3)	(4)	(5)	(6)
	LitiCount	*LitiCount*	*LitiCount*	*LitiAmount*	*LitiAmount*	*LitiAmount*
Return	-0.312*	-0.243*	-0.268	-0.005	-0.003	-0.004
	(-1.90)	(-1.65)	(-1.63)	(-1.32)	(-0.89)	(-0.95)
*Top*1	-1.665***	-1.224**	-1.654***	-0.052***	-0.043***	-0.052***
	(-2.95)	(-2.44)	(-2.92)	(-4.52)	(-4.42)	(-4.56)
NORec	12.381***	10.230***	12.930***	0.258***	0.222***	0.273***
	(7.90)	(7.41)	(8.54)	(7.78)	(6.95)	(8.58)
Constant	-16.770***	-7.348***	-2.536	-0.145***	0.053*	0.119***
	(-9.22)	(-5.04)	(-1.61)	(-3.54)	(1.88)	(3.75)
Years	Yes	Yes	Yes	Yes	Yes	Yes
Industries	Yes	Yes	Yes	Yes	Yes	Yes
adj. R^2	0.04	0.07	0.04	0.13	0.18	0.19
F	25.68	42.82	27.25	38.46	62.80	43.88
N	6743	6749	6749	6743	6749	6749

注：*、**、***分别表示显著性水平 10%、5%、1%，括号中的数字为双尾检验的 t 值。

此外，本章还采用《中国法治发展报告》中的各地区高级人民法院司法透明度指数（*Law*2）作为地区法律环境的替代变量，回归结果见表 6-9。表 6-9 中超额银行借款的回归系数显著为正，而超额银行借款与司法透明度指数的交乘项系数显著为负，与表 6-8 结果相同，进一步验证了超额银行借款与诉讼风险之间的正相关关系会随着地区法律环境的改善而减弱。

表 6-9 公司超额银行借款、地区法律环境（*Law*2）与诉讼风险

	(1)	(2)	(3)	(4)	(5)	(6)
	LitiCount	*LitiCount*	*LitiCount*	*LitiAmount*	*LitiAmount*	*LitiAmount*
*ELoan*1	4. 555*** (15. 42)			0. 128*** (17. 01)		
*Law*2	0. 034*** (3. 94)	0. 009 (1. 10)	0. 004 (0. 46)	0. 001*** (4. 13)	0. 000 (0. 68)	0. 000 (0. 30)
*ELoan*1×*Law*2	−0. 057*** (−5. 39)			−0. 002*** (−4. 52)		
*ELoan*2		3. 986*** (2. 96)			0. 091*** (4. 79)	
*ELoan*2×*Law*2		−0. 019*** (−9. 88)			−0. 000*** (−6. 58)	
*ELoan*3			13. 501*** (10. 99)			0. 369*** (4. 04)
*ELoan*3×*Law*2			−0. 153*** (−6. 98)			−0. 004*** (−8. 13)
State	−0. 034 (−0. 17)	−0. 111 (−0. 58)	−0. 009 (−0. 04)	0. 001 (0. 23)	0. 000 (0. 05)	0. 003 (0. 74)
ROA	−11. 684*** (−6. 15)	−12. 207*** (−6. 47)	−13. 585*** (−6. 99)	−0. 255*** (−6. 10)	−0. 269*** (−7. 00)	−0. 290*** (−7. 60)
Loss	0. 512 (1. 40)	0. 596* (1. 70)	0. 515 (1. 37)	0. 002 (0. 33)	0. 004 (0. 68)	0. 001 (0. 08)
Size	1. 019*** (10. 11)	0. 266*** (3. 39)	0. 070 (0. 79)	0. 013*** (6. 32)	−0. 006*** (−4. 20)	−0. 010*** (−5. 68)
CFO	−0. 724 (−0. 49)	−0. 950 (−0. 71)	0. 063 (0. 04)	−0. 012 (−0. 37)	−0. 020 (−0. 74)	0. 010 (0. 35)
*Ret*12	−0. 483** (−2. 39)	−0. 341* (−1. 76)	−0. 372* (−1. 72)	−0. 005 (−1. 07)	−0. 001 (−0. 14)	−0. 003 (−0. 58)

续表

	(1)	(2)	(3)	(4)	(5)	(6)
	LitiCount	*LitiCount*	*LitiCount*	*LitiAmount*	*LitiAmount*	*LitiAmount*
*Top*1	−2.471***	−1.640***	−1.943***	−0.064***	−0.046***	−0.052***
	(−3.66)	(−2.62)	(−2.80)	(−5.02)	(−4.18)	(−4.04)
NORec	8.077***	11.612***	11.637***	0.133***	0.226***	0.224***
	(3.26)	(4.76)	(4.78)	(2.67)	(4.67)	(4.74)
Constant	−24.312***	−6.845***	−2.284	−0.342***	0.115***	0.203***
	(−10.36)	(−3.77)	(−1.14)	(−7.10)	(3.31)	(4.88)
Years	Yes	Yes	Yes	Yes	Yes	Yes
Industries	Yes	Yes	Yes	Yes	Yes	Yes
adj. R^2	0.06	0.06	0.03	0.14	0.13	0.14
F	32.28	49.55	24.19	30.58	57.54	33.78
N	4872	4873	4873	4872	4873	4873

注：*、**、***分别表示显著性水平 10%、5%、1%，括号中的数字为双尾检验的 t 值。

6.4.3　进一步检验：内部控制 VS 地区法律环境

以上的理论分析和数据结果表明，公司超额银行借款与诉讼风险正相关，而公司内部控制作为重要的公司内部治理机制以及地区法律环境作为重要的公司外部治理机制，都可以减少公司的道德风险和机会主义行为，增强公司的信息透明度，从而弱化超额银行借款与诉讼风险之间的正相关关系。那么，在这两种机制同时存在时，其各自发挥的作用是否会发生变化？在法律环境较为完善的地区，监管机构以及银行对公司的监督已经使公司的经营处于较为规范的程度，此时内部控制在规范公司信息披露和约束管理层行为方面发挥的作用便较为有限；相反，法律环境相对较差的地区，监管机构的执行力度较弱，银行的监督作用也不能有效发挥，此时，对公司的信息披露行为的规范以及对管理层机会主义行为和道德风险的制约便主要依靠完善的内部控制机制，内部控制在弱化超额银行借款与诉讼风险的过程中发挥的作用便比较突出。基于此，我们认为，在调节公司超额银行借款与诉讼风险关系的过程中，内部控制和地区法律环境二者之间将存在着相互替代的关系。

对于以上分析，本章采用模型（6.5）进行检验。在进行该回归时，为了较好地统一样本，内部控制以内部控制水平（*Inc*1）为代理变量，地区法律环境根据市场化指数中的地区法律环境指数（*Law*1）设置虚拟变量（*LawD*），若公司所在地当年的地区法律环境指数大于当年的中位数，则取值为 1，否则为 0；回归模型中的控制变量与模型（6.2）相同。我们主要关注公司超额银行借款、内部控制和地区法律环境虚拟变量三者交乘项的回归系数。

$$Litigation_{i,t}=\beta_0+\beta_1 ELoan_{i,t-1}+\beta_2 Inc_{i,t-1}+\beta_3 Law_{i,t-1}+\beta_4 ELoan_{i,t-1}\times Inc_{i,t-1}+\beta_5 ELoan_{i,t-1}\times Law_{i,t-1}+\beta_6 Inc_{i,t-1}\times Law_{i,t-1}+\beta_7 ELoan_{i,t-1}\times Inc_{i,t-1}\times Law_{i,t-1}+Controls+\varepsilon_{i,t-1} \tag{6.5}$$

具体回归结果列示于表 6-10。其中被解释变量为涉诉次数和涉诉金额，主要解释变量中的公司超额银行借款分别为 *ELoan*1、*ELoan*2 和 *ELoan*3，对应于（1）、（2）、（3）列和（4）、（5）、（6）列。从公司超额银行借款与内部控制的交乘项（*ELoan*×*Inc*1）以及公司超额银行借款与地区法律环境虚拟变量的交乘项（*ELoan*×*LawD*）系数均显著为负，而公司超额银行借款、内部控制和地区法律环境虚拟变量三者交乘项（*ELoan*×*Inc*1×*LawD*）的回归系数显著为正，可以得出在调节公司超额银行借款与诉讼风险的正相关关系时，内部控制和外部法律环境存在相互替代的作用。即对于处在法律环境较差地区的公司（内部控制存在缺陷的公司），完善的内部控制机制（较好的地区法律环境）在规范公司信息披露和管理层行为，弱化公司超额银行借款和诉讼风险的正相关关系时发挥着较为显著的作用，而当地区法律环境和内部控制机制均较为完善时，各自在弱化公司超额银行借款和诉讼风险正相关关系方面发挥的作用便相对减弱。

表 6-10　公司超额银行借款与诉讼风险：内部控制与法律环境相互作用

	(1)	(2)	(3)	(4)	(5)	(6)
	LitiCount	*LitiCount*	*LitiCount*	*LitiAmount*	*LitiAmount*	*LitiAmount*
*ELoan*1	1.528*** (6.61)			0.054*** (9.73)		
*Inc*1	-0.004*** (-7.01)	-0.005*** (-8.34)	-0.005*** (-8.85)	-0.000*** (-4.87)	-0.000*** (-7.29)	-0.000*** (-7.31)
LawD	1.096** (1.99)	0.764 (1.39)	0.553 (1.02)	0.001 (0.10)	-0.009 (-0.83)	-0.013 (-1.06)
*ELoan*1× *Inc*1	-0.003*** (-12.08)			-0.000*** (-10.35)		
*ELoan*1× *LawD*	-1.408*** (-4.43)			-0.028*** (-3.85)		
*Inc*1× *LawD*	-0.001 (-1.14)	-0.001 (-0.81)	0.001 (0.56)	0.000 (0.45)	0.000 (1.36)	0.000** (2.00)
*ELoan*1× *Inc*1×*LawD*	0.007*** (9.65)			0.000*** (9.75)		
*ELoan*2		3.173*** (16.00)			0.073*** (18.85)	
*ELoan*2× *Inc*1		-0.004*** (-9.12)			-0.000*** (-8.69)	
*ELoan*2× *LawD*		-1.058*** (-3.03)			-0.020*** (-2.64)	
*ELoan*2× *Inc*1×*LawD*		0.004*** (10.55)			0.000*** (5.43)	

续表

	(1)	(2)	(3)	(4)	(5)	(6)
	LitiCount	*LitiCount*	*LitiCount*	*LitiAmount*	*LitiAmount*	*LitiAmount*
*ELoan*3			8. 755***			0. 302***
			(10. 26)			(12. 37)
*ELoan*3× *Inc*1			−0. 016***			−0. 000***
			(−10. 20)			(−9. 25)
*ELoan*3× *LawD*			−31. 760***			−0. 309***
			(−5. 11)			(−8. 97)
*ELoan*3× *Inc*1×*LawD*			0. 066***			0. 001***
			(3. 12)			(3. 57)
State	−0. 072	−0. 094	−0. 109	−0. 002	−0. 001	−0. 000
	(−0. 49)	(−0. 63)	(−0. 78)	(−0. 65)	(−0. 46)	(−0. 12)
ROA	−6. 646***	−6. 349***	−5. 715***	−0. 169***	−0. 162***	−0. 182***
	(−5. 00)	(−4. 46)	(−4. 67)	(−6. 31)	(−5. 74)	(−5. 46)
Loss	−0. 312	−0. 228	−0. 159	−0. 008	−0. 005	−0. 010
	(−1. 18)	(−0. 87)	(−0. 65)	(−1. 48)	(−0. 92)	(−1. 54)
Size	0. 751***	0. 455***	0. 293***	0. 004***	−0. 002*	−0. 007***
	(9. 99)	(6. 99)	(4. 71)	(2. 61)	(−1. 76)	(−4. 66)
CFO	0. 043	0. 029	0. 740	0. 005	0. 009	0. 013
	(0. 04)	(0. 03)	(0. 83)	(0. 26)	(0. 47)	(0. 52)
*Ret*12	−0. 001	−0. 159	−0. 148	0. 0019	−0. 001	−0. 003
	(−0. 01)	(−1. 11)	(−1. 13)	(0. 64)	(−0. 32)	(−0. 76)
*Top*1	−0. 567	−0. 610	−0. 858*	−0. 025***	−0. 028***	−0. 044***
	(−1. 20)	(−1. 28)	(−1. 90)	(−2. 83)	(−3. 17)	(−3. 99)
NORec	8. 247***	7. 551***	7. 282***	0. 168***	0. 169***	0. 223***
	(6. 48)	(5. 84)	(6. 48)	(5. 79)	(5. 64)	(6. 78)
Constant	−14. 922***	−7. 043***	−4. 864***	−0. 090***	0. 077***	0. 164***
	(−9. 36)	(−5. 11)	(−3. 78)	(−2. 60)	(2. 97)	(5. 07)
Years	Yes	Yes	Yes	Yes	Yes	Yes

续表

	(1)	(2)	(3)	(4)	(5)	(6)
	LitiCount	*LitiCount*	*LitiCount*	*LitiAmount*	*LitiAmount*	*LitiAmount*
Industries	Yes	Yes	Yes	Yes	Yes	Yes
adj. R^2	0. 09	0. 09	0. 10	0. 12	0. 16	0. 10
F	43. 88	43. 70	82. 25	56. 11	58. 90	34. 21
N	6743	6749	6749	6743	6749	6749

注：*、**、***分别表示显著性水平 10%、5%、1%，括号中的数字为双尾检验的 t 值。

6.5 本章小结

本章利用 2002—2018 年中国资本市场 A 股上市公司数据，分别采用回归分析法、动态调整法和行业均值法三种主要方法计算公司的超额银行借款，实证检验了公司超额银行借款与诉讼风险之间的关系，并进一步考察了公司内部控制以及外部法律环境对二者关系的调节作用。实证研究发现，公司超额银行借款会增加公司的道德风险和机会主义行为，降低公司的经营能力和业绩指标，同时降低公司管理层如实披露信息的意愿，增加公司内外部的信息不对称程度，进而增加公司的诉讼风险；而公司有效的内部控制和良好的外部法律环境可以对以上行为形成良好的约束作用，从而弱化公司超额银行借款与诉讼风险之间的正相关关系。此外，在对公司超额银行借款和诉讼风险二者关系的调节过程中，内部控制和外部法律环境存在相互替代的关系。本章的研究表明，中国当前的信贷资源配置效率还需进一步提高，对投资者的保护也需不断增强，以减少公司超额银行借款的机会主义行为和对公司价值以及投资者利益的侵害。

相对于以往的研究，本章的贡献主要有以下几点：首先，本章首次从公司超额银行借款角度探讨了公司融资行为对诉讼风险的影响。以往的研究多是从管理层信息披露意愿、公司盈余信息质量的视角探讨其对公司诉讼风险的影响，本章进一步挖掘公司管理层信息披露行为背后的决定因素，从公司超额银行借款的角度考察其与公司诉讼风险的关系，拓展了公司诉讼风险影响因素的研究视角；其次，以往对债务融资经济后果的研究主要集中于投资行为以及市场反应，较少从公司诉讼风险角度探讨，而本章在研究诉讼风险时，将诉讼案件分为与债务偿付相关的诉讼及其他类诉讼，在验证公司超额银行借款与债务偿付类诉讼风险关系的同时，重点探讨超额银行借款与其他类诉讼风险之间的关系，丰富了公司债务融资经济后果的研究内容；最后，本章分别从公司内部控制和地区法律环境两个角度考察了公司内外部治理对公司超额银行借款和诉讼风险之间关系的差异影响，丰富了宏观环境与公司微观行为关系的研究内容，同时也为监管部门进一步完善上市公司内外部治理环境提供了现实证据。

第7章

研究结论及政策建议

7.1 研究结论

本书利用 2002—2018 年中国资本市场 A 股上市公司数据，分别采用回归分析法、动态调整法和行业均值法三种主要方法计算公司的超额银行借款，实证检验了公司超额银行借款的影响因素及其经济后果。本书的主要结论包括：

1. 国有上市公司的超额银行借款显著多于非国有上市公司；随着制度环境的改善，国有上市公司和非国有上市公司之间的超额银行借款差异减少；而在货币政策紧缩期和金融危机期间，国有上市公司和非国有上市公司之间超额银行借款的差异增大。

2. 公司在拥有能满足正常经营所需的银行借款后，依然会通过盈余管理行为获得更多的超额银行借款。随着金融市场化程度的提高，公司进行应计盈余管理的难度加大，应计盈余管理与公司超额银行借款之间的正相关关系减弱，尤其在金融市场化达到一定程度之后，二者之间呈负相关关系；同时，公司会选择进行更多的真实盈余管理行为，真实盈余管理与公司超额银行借款正相关关系逐渐增强。

3. 公司超额银行借款会增加过度投资行为，管理者自利会加剧超额银行借款的过度投资水平，而机构投资者持股则会抑制超额银行借款的过度投资行为。进一步考虑公司机构投资者稳定性后，发现机构投资者稳定性越强，对公司超额银行借款过度投资的抑制作用越显著。

4. 公司超额银行借款会增加公司的道德风险和机会主义行为，降低公司的经营能力和业绩指标，同时降低公司管理层如实披露信息的意愿，增加公司内外部的信息不对称程度，进而增加公司的诉讼风险；而公司有效的内部控制和良好的外部法律环境可以对以上行为形成良好的约束作用，从而弱化公司超额银行借款与诉讼风险之间的正相关关系。此外，在对公司超额银行借款和诉讼风险二者关系的调节过程中，内部控制和外部法律环境存在相互替代的关系。

7.2 政策建议

首先，中国政府需要进一步推进金融市场的多层次发展。目前，中国以间接融资为主体的大型国有控股银行主导型金融体系形成的服务效率以及资金配置效率依旧较低，对国有企业普遍存在资金供给过度，而非国有企业尤其是中小微型企业面临资金供给不足的问题尚未根本性解决。加快推进中国金融市场多层次发展具有重要的现实意义。一方面，需要继续深化国有控股银行的混合所有制改革，引导民营资本的进入，在多元化国有控股银行股权结构的基础上，切实推进组织架构、公司治理和激励约束等方面的深层次改革，进一步减少各级政府对商业银行的行政干预，加快健全和完善市场化的现代商业银行运行机制。另一方面，在民间金融资本较为发达的地区积极尝试创建中小型民营商业银行，开发适合本地中小微企业需求的金融产品，建立全方位、多层次、差异化的中小微企业融资服务体系。最终实现中国金融体系能够较好满足不同所有制公司的投资和融资需求。

其次，在新的混合所有制改革背景下，应继续推进政企分开，强化公司治理结构和约束激励机制的改革，重新定位国有控股企业。通过混合所有制改革，引入其他性质的股份解决国有企业市场化股东缺位问题，缓解国企高管“内部人”控制现象；加快国有资本投资运营公司的建设，使其作为国有资本股东代表，实现管资本与管公权的分开，从而真正实现政企分开；推进市场化选聘用人机制、实行职业经理人制度，完善对管理层的约束激励机制，尤其是有关薪酬和股权激励等显性激励机制，以减弱国企高管对在职消费等隐性福利的追求；推进董事会建设和内部制衡及考核监督机制建设，解决国企高管“经济人”和“政治人”双重特性所带来的代理问题。

最后，中国金融监管机构需要着力完善金融宏观调控机制，减少对金融机构和金融市场非效率的行政干预，去除阻碍市场经济发展的各项金融管制，加快利率市场化改革，推动信贷市场的实质性竞争，更多地靠市场机制来引导信贷资金在不同所有制公司之间的合理配置。同时，监管机构需要鼓励互联网金融创新，支持互联网金融健康稳步发展。互联网金融作为一种新型金融业务模式，在民营企业融资过程中发挥着越来越重要的作用，但目前互联网金融仍处于发展初期，需要在相关部门的引导和监管下，不断进行平台、产品和服务的创新，防范风险，进而服务好实体经济，尤其是中小微企业。

参考文献

［1］ Acharya, V. V. , Merrouche, O. , 2013. Precautionary hoarding of liquidity and interbank markets: Evidence from the subprime crisis. Review of Finance 17: 107–160.

［2］ Admati, A. R. , Pfleiderer, P. , 2009. The "Wall Street Walk" and shareholder activism: Exit as a form of voice. Review of Financial Studies 22: 2645–2685.

［3］ Aggarwal, R. , Erel, I. , Ferreira, M. , Matos, P. , 2011. Does governance travel around the world? Evidence from institutional investors. Journal of Financial Economics 100: 154–181.

［4］ Aghion, P. , Bolton, P. , 1992. An incomplete contracts approach to financial contracting. Review of Economic Studies 59: 473–494.

［5］ Aghion, P. , Reenen, J. V. , Zingales, L. , 2013. Innovation and institutional ownership. American Economic Review 103: 277–304.

［6］ Allen, F. , Qian, J. , Qian, M. , 2005. Law, finance, and economic growth in China. Journal of Financial Economics 77: 57–116.

［7］ Almeida, H. , Campello, M. , Laranjeira, B. , Weisbenner, S. , 2012. Corporate debt maturity and the real effects of the 2007 financial crisis. Critical Finance Review 1: 3–58.

［8］ Altamuro, J. , Beatty, A. , 2010. How does internal control regulation affect financial reporting. Journal of Accounting and Economics 49: 58-74.

[9] Altman, E. I., 1968. Financial ratios, discriminant analysis and the prediction of corporate bankruptcy. Journal of Finance 23: 589-609.

[10] Altman, E. I., 1984. A further empirical investigation of the bankruptcy cost question. Journal of Finance 39: 1067-1089.

[11] Ang, J. S., Cole, R. A., Lin, J. W, 2000. Agency costs and ownership structure. Journal of Finance 55: 81-106.

[12] Ashbaugh-Skaife, H., Collins, D. W., Kinney, W. R., LaFond, R., 2008. The effect of SOX internal control deficiencies and their remediation on accrual quality. The Accounting Review 83: 217-250.

[13] Ashcraft, A. B., 2006. New evidence on the lending channel. Journal of Money, Credit, and Banking 38: 751-775.

[14] Barber, B. M., Lyon, J. D., 1997. Firm size, book-to-market ratio, and security returns: A holdout sample of financial firms. Journal of Finance 52: 875-883.

[15] Basu, S., 1997. The conservatism principle and the asymmetric timeliness of earnings. Journal of Accounting and Economics 24: 3-37.

[16] Beatty, A., Ramesh, K., Weber, J. P., 2002. The importance of accounting changes in debt contracts: The cost of flexibility in covenant calculations. Journal of Accounting and Economics 33: 205-227.

[17] Becker, B., Ivashina, V., 2014. Cyclicality of credit supply: Firm level evidence. Journal of Monetary Economics 62: 76-93.

[18] Bernanke, B. S., Blinder, A. S., 1992. The federal funds rate and the channels of monetary transmission. American Economic Review 82:

901-921.

[19] Bharath, S. T., Sunder, J., Sunder, S. V., 2008. Accounting quality and debt contracting. Accounting Review 83: 1-28.

[20] Biddle, G. C., Hilary, G., Verdi, R. S., 2009. How does financial reporting quality relate to investment efficiency? . Journal of Accounting and Economics 48: 112-131.

[21] Billett, M. T., Flannery, M. J., Garfinkel, J. A., 2006. Are bank loans special? Evidence on the post-announcement performance of bank borrowers. Journal of Financial and Quantitative Analysis 41: 733-751.

[22] Billett, M. T., King, T. D., Mauer, D. C., 2007. Growth opportunities and the choice of leverage, debt maturity, and covenants. Journal of Finance 62: 697-730.

[23] Billings, M. R., Cedergren, M. C., 2015. Strategic silence, insider selling and litigation risk. Journal of Accounting and Economics 59: 119-142.

[24] Blanchard, O. J., Lopez-de-Silanes, F., Shleifer,, A., 1994. What do firms do with cash windfalls? . Journal of Financial Economics 36: 337-360.

[25] Boone, A. L., White, J. T., 2015. The effect of institutional ownership on firm transparency and information production. Journal of Financial Economics 117: 508-533.

[26] Boone, J. P., Khurana, I. K., Raman, K. K., 2009. Litigation reform, accounting discretion, and the cost of equity. Journal of Contemporary Accounting & Economics 5: 80-94.

[27] Booth, L., Aivazian, V., Demirguc-Kunt, A., Maksimovic, V., 2001. Capital structures in developing countries. Journal of Finance 56:

87－130.

［28］ Brandt, L., Li, H., 2003. Bank discrimination in transition economies: ideology, information, or incentives?. Journal of Comparative Economics 31: 387－413.

［29］ Brav, A., Jiang, W., Ma, S., Tian, X., 2016. How does hedge fund activism reshape corporate innovation?. NBER Working Paper.

［30］ Brav, A., Jiang, W., Partnoy, F., Thomas, R., 2008. Hedge fund activism, corporate governance, and firm performance. Journal of Finance 63: 1729－1775.

［31］ Broecker, T., 1990. Credit-worthiness tests and Interbank competition. Econometric 58: 429－452.

［32］ Bushee, B. J., 1998. The influence of institutional investors on myopic R&D investment behavior. The Accounting Review 73: 305－333.

［33］ Byoun, S., 2008. How and when do firms adjust their capital structures toward targets?. Journal of Finance 63: 3069－3096.

［34］ Campello, M., 2006. Debt financing: Does it boost or hurt firm performance in product markets?. Journal of Financial Economics 82: 135－172.

［35］ Cao, Z., Narayanamoorthy, G. S., 2011. The effect of litigation risk on management earnings forecasts. Contemporary Accounting Research 28: 125－173.

［36］ Cao, Z., Narayanamoorthy, G. S., 2014. Accounting and litigation risk: evidence from directors' and officers' insurance pricing. Review of Accounting Studies 19: 1－42.

［37］ Carhart, M. M., 1997. On persistence in mutual fund performance. Journal of Finance 52, 57－82.

[38] Carleton, W. T., Nelson, J. M., Weisbach, M. S., 1998. The influence of institutions on corporate governance through private negotiations: Evidence from TIAA-CREF. Journal of Finance 53: 1335-1362.

[39] Chandra, U., 2011. Income conservatism in the U. S. technology sector. Accounting Horizons 25: 285-314.

[40] Chemmanur, T. J., Fulghieri, P., 1994. Reputation, renegotiation, and the choice between bank loans and publicly traded debt. Review of Financial Studies 7: 475-506.

[41] Chen, X., Harford, J., Li, K., 2007. Monitoring: Which institutions matter? . Journal of Financial Economics 86: 279-305.

[42] Cheng, C. S. A., Huang, H. H., Li, Y., Lobo, G., 2010. Institutional monitoring through shareholder litigation. Journal of Financial Economics 95: 356-383.

[43] Cheng, M., Dhaliwal, D., Zhang, Y., 2013. Does investment efficiency improve after the disclosure of material weaknesses in internal control over financial reporting. Journal of Accounting and Economics 56: 1-18.

[44] Clemenz, G., Gugler, K., 2000. Macroeconomic development and civil litigation. European Journal of Law and Economics 9: 215-230.

[45] Cohen, D. A., Dey, A., Lys, T. Z., 2008. Real and accrual-based earnings management in the pre- and post-Sarbanes-Oxley periods. Accounting Review 83: 757-787.

[46] Cohen, D. A., Zarowin, P., 2010. Accrual-based and real earnings management activities around seasoned equity offerings. Journal of Accounting and Economics 50: 2-19.

[47] Cook, D. O., Tang, T., 2010. Macroeconomic conditions and

capital structure adjustment speed. Journal of Corporate Finance 16： 73–87.

[48] Cooley， T. F.， Quadrini， V.， 2006. Monetary policy and the financial decisions of firms. Economic Theory 27： 243–270.

[49] Dahiya， S.， Yermack， D.， 2003. Litigation exposure， capital structure and shareholder value： The case of Brooke Group. Journal of Corporate Finance 9： 271–294.

[50] DeAngelo， H.， Masulis， R. W.， 1980. Optimal capital structure under corporate and personal taxation. Journal of Financial Economics 8： 3–29.

[51] Dechow， P. M.， Dichev， I. D.， 2002. The quality of accruals and earnings： The role of accrual estimation errors. Accounting Review 77： 35–59.

[52] Dechow， P. M.， Sloan， R. G.， Sweeney， A. P.， 1995. Detecting earnings management. Accounting Review 70： 193–225.

[53] Demirgüç Kunt， A.， Maksimovic， V.， 1999. Institutions， financial markets， and firm debt maturity. Journal of Financial Economics 54： 295–336.

[54] Denis， D. J.， Mihov， V. T.， 2003. The choice among bank debt， non-bank private debt， and public debt： Evidence from new corporate borrowings. Journal of Financial Economics 70： 3–28.

[55] Diamond， D. W.， 1984. Financial intermediation and delegated monitoring. Review of Economic Studies 51： 393–414.

[56] Dittmar， A.， Thakor， A.， 2007. Why do firms issue equity？. Journal of Finance 62： 1–54.

[57] Donelson， D. C.， McInnis， J. M.， Mergenthaler， R. D.， Yu， Y.， 2012. The timeliness of bad earnings news and litigation risk. The Ac-

counting Review 87：1967-1991.

[58] Doyle, J. T., Ge, W., McVay, S., 2007. Accruals quality and internal control over financial reporting. The Accounting Review 82：1141-1170.

[59] Drobetz, W., Wanzenried, G., 2006. What determines the speed of adjustment to the target capital structure? . Applied Financial Economics 16：941-958.

[60] DuCharme, L. L., Malatesta, P. H., Sefcik, S. E., 2004. Earnings management, stock issues, and shareholder lawsuits. Journal of Financial Economics 71：27-49.

[61] Duchin, R., Ozbas, O., Sensoy, B. A., 2010. Costly external finance, corporate investment, and the subprime mortgage credit crisis. Journal of Financial Economics 97：418-435.

[62] Fama, E. F., French, K. R., 1993. Common risk factors in the stocks and bonds. Journal of Financial Economics 33：3-54.

[63] Field, L., Lowry, M., Shu, S., 2005. Does disclosure deter or trigger litigation? . Journal of Accounting and Economics 39：487-507.

[64] Firth, M., Gao, J., Shen, J., Zhang, Y., 2016. Institutional stock ownership and firms' cash dividend policies：Evidence from China. Journal of Banking and Finance 65：91-107.

[65] Firth, M., Lin, C., Liu, P., Wong, S. M. L., 2009. Inside the black box：Bank credit allocation in China's private sector. Journal of Banking and Finance 33：1144-1155.

[66] Flannery, M. J., Rangan, K. P., 2006. Partial adjustment toward target capital structures. Journal of Financial Economics 79：469-506.

[67] Francis, J., LaFond R., Olsson P., Schipper K., 2005. The market pricing of accruals quality. Journal of Accounting and Economics 39: 295-327.

[68] Francis, J., Philbrick, D., Schipper, K., 1994. Shareholder litigation and corporate disclosures. Journal of Accounting Research 32: 137-164.

[69] Gavish, B., Kalay, A., 1983. On the asset substitution problem. Journal of Financial and Quantitative Analysis 18: 21-30.

[70] Giannetti, M., 2003. Do better institutions mitigate agency problems? Evidence from corporate finance choices. Journal of Financial and Quantitative Analysis 38: 185-212.

[71] Gillan, S. L., Starks, L. T., 2000. Corporate governance proposals and shareholder activism: The role of institutional investors. Journal of Financial Economics 57: 275-305.

[72] Goncharov, I., Zimmerman, J., 2007. The supply of and demand for accounting information. Economies of Tansition 15: 257-283.

[73] Gong, G., Louis, H., Sun, A. X., 2008. Earnings management, lawsuits, and stock-for-stock acquirers' market performance. Journal of Accounting and Economics 46: 62-77.

[74] Graham, J. R., 1996. Debt and the marginal tax rate. Journal of Financial Economics 41: 41-73.

[75] Graham, J. R., Harvey, C. R., 2001. The theory and practice of corporate finance: Evidence from the field. Journal of Financial Economics 60: 187-243.

[76] Graham, J. R., Harvey, C. R., Rajgopal, S., 2005. The economic implications of corporate financial reporting. Journal of Accounting

and Economics 40：3-73.

[77] Grossman，S. J.，Hart，O. D.，1986. The costs and benefits of ownership：A theory of vertical and lateral integration. Journal of Political Economy 94：691-719.

[78] Guercio，D. D.，Hawkins，J.，1999. The motivation and impact of pension fund activism. Journal of Financial Economics 52：293-340.

[79] Gul，F. A.，Lynn，S. G.，Tsui，J. S. L.，2002. Audit quaity，management ownership，and the informativeness of accounting earnings. Journal of Accounting，Auditing and Finance 17：25-49.

[80] Harford，J.，Klasa，S.，Walcott，N.，2009. Do firms have leverage targets? Evidence from acquisitions. Journal of Financial Economics 93：1-14.

[81] Harris，M.，Raviv，A.，1990. Capital structure and the informational role of debt. Journal of Finance 45：321-349.

[82] Hart，O.，Moore，J.，1998. Default and renegotiation：A dynamic model of debt. Quarterly Journal of Economics 113：1-41.

[83] Hartzell，J.，Starks，L. T.，2003. Institutional investors and executive compensation. Journal of Finance 58：2351-2374.

[84] Healy，P. M.，Palepu，K. G.，2001. Information asymmetry，corporate disclosure，and the capital markets：A review of the empirical disclosure literature. Journal of Accounting and Economics 31：405-440.

[85] Heaton，J. B.，2002. Managerial optimism and corporate finance. Financial Management 31：33-45.

[86] Hogan，C. E.，Wilkins，M. S.，2008. Evidence on the audit risk model：Do auditors increase audit fees in the presence of internal control

deficiencies. Contemporary Accounting Research 25: 219 - 242.

[87] Huddart, S., 1993. The effect of a large shareholder on corporate value. Management Science 39: 1407-1421.

[88] Hwang, N. C. R., Chang, C. J., 2010. Litigation environment and auditors' decisions to accept clients' aggressive reporting. Journal of Accounting and Public Policy 29: 281-295.

[89] Ivashina, V., Scharfstein, D., 2010. Bank lending during the financial crisis of 2008. Journal of Financial Economics 97: 319-338.

[90] James, C., 1987. Some evidence on the uniqueness of bank loans. Journal of Financial Economics 19: 217-235.

[91] Jensen, M. C., 1986. Agency cost of free cash flow, corporate finance, and takeovers. American Economic Review 76: 323-329.

[92] Jensen, M. C., Meckling, W. H., 1976. Theory of the firm: Managerial behavior, agency costs, and ownership structure. Journal of Fi nancial Economics 3: 305-360.

[93] Johnson, S. A., 1997. An empirical analysis of the determinants of corporate debt ownership structure. Journal of Financial and Quantitative Analysis 32: 47-69.

[94] Kashyap, A. K., Stein, J. C., 2000. What do a million observations on banks say about the transmission of monetary policy? . American Economic Review 90: 407-428.

[95] Kashyap, A. K., Stein, J. C., Wilcox, D. W., 1993. Monetary policy and credit conditions: Evidence from the composition of external finance. American Economic Review 83: 78-98.

[96] Khan, M., Watts, R. L., 2009. Estimation and empirical prop-

erties of a firm-year measure of accounting conservatism. Journal of Accounting and Economics 48：132-150.

[97] Korajczyk, R. A., Levy, A., 2003. Capital structure choice：Macroeconomic conditions and financial constraints. Journal of Financial Economics 68：75-109.

[98] Kothari, S. P., Shu, S., Wysocki, P. D., 2009. Do managers withhold dad news. Journal of Accounting Research 47：241 - 276.

[99] Kraus, A., Litzenberger, R. H., 1973. A state-preference model of optimal financial leverage. Journal of Finance 28：911-922.

[100] La Porta, R., López-de-Silanes, F., Shleifer, A., 2002. Governmentownership of banks. The Journal of Finance 57：265-302.

[101] La Porta, R., López-de-Silanes, F., Shleifer, A., Vishny, R., 1997. Legal determinants of external finance. Journal of Finance 2：1131-1150.

[102] La Porta, R., López-de-Silanes, F., Shleifer, A., Vishny, R., 1998. Law and finance. Journal of Political Economy 106：1113-1155.

[103] LaFond, R., Watts, R. L., 2008. The information role of conservatism. Accounting Review 83：447 - 478.

[104] Lang, L., Ofek, E., Stulz, R. M., 1996. Leverage, investment, and firm growth. Journal of Financial Economics 40：3-29.

[105] Lang, L. H. P., Walkling, R. A., Stulz, R., 1991. A test of the free cash flow hypothesis：The case of bidder returns. Journal of Financial Economics 29：315-335.

[106] Laux, V., Stocken, P. C., 2012. Managerial reporting, overoptimism, and litigation risk. Journal of Accounting and Economics 53：577-591.

[107] Leftwich, R., 1983. Accounting information in private publics: Evidence from private lending agreements. Accounting Review 58: 23-42.

[108] Li, H., Meng, L., Wang, Q., Zhou, L. A., 2008. Political connections, financing and firm performance: Evidence from Chinese private firms. Journal of Development Economics 87: 283-299.

[109] Lin, C., Ma, Y., Malatesta, P., Xuan, Y., 2013. Corporate ownership structure and the choice between bank debt and public debt. Journal of Financial Economics 109: 517-534.

[110] Liu, Z., Elayan, F. A., 2015. Litigation risk, information asymmetry and conditional conservatism. Review of Quantitative Finance and Accounting 44: 581-608.

[111] Lummer, S. L., McConnell, J. J., 1989. Further evidence on the bank lending process and the capital-market response to bank loan agreements. Journal of Financial Economics 25: 99-122.

[112] Lyandres, E., Zhdanov, A., 2014. Convertible debt and investment timing. Journal of Corporate Finance 24: 21-37.

[113] Malmendier, U., Tate, G., 2005. CEO overconfidence and corporate investment. Journal of Finance 60: 2661-2700.

[114] McCahery, J. A., Sautner, Z., Starks, L. T., 2016. Behind the scenes: The corporate governance preferences of institutional investors. Journal of Finance 71: 2905-2932.

[115] McLean, R. D., Zhang, T., Zhao, M., 2012. Why does the law matter? Investor protection and its effects on investment, finance, and growth. Journal of Finance 67: 313-350.

[116] McNichols, M. F., 2002. Discussion of the quality of accruals and

earning：The role of accrual estimation errors. Accounting Review 77：61-69.

[117] Modigliani, F., Miller, M. H., 1958. The cost of capital, corporation finance and the theory of investment. American Economic Review 48：261-297.

[118] Myers, S. C., 1977. Determinants of corporate borrowing. Journal of Financial Economics 5：147-175.

[119] Nilsen, J. H., 2002. Trade credit and bank lending channel. Journal of Money, Credit, and Banking 34：226-253.

[120] Opler, T. C., Pinkowitz, L., Stulz, R., Williamson, R., 1999. The determinants and implications of corporate cash holdings. Journal of Financial Economics 52：3 - 46.

[121] Öztekin, Ö., Flannery, M. J., 2012. Institutional determinants of capital structure adjustment speeds. Journal of Financial Economics 103：88-112.

[122] Park, C., 2000. Monitoring and structure of debt contracts. Journal of Finance 55：2157-2195.

[123] Puri, M., Rocholl, J., Steffen, S., 2011. Global retail lending in the aftermath of the US financial crisis：Distinguishing between supply and demand effects. Journal of Financial Economics 100：556-578.

[124] Rajan, R. G., 1992. Insiders and outsiders：The choice between informed and arm's-length debt. Journal of Finance 47：1367-1400.

[125] Rajan, R. G., Zingales, L., 1995. What do we know about capital structure? Some evidence from international data. Journal of Finance 50：1421-1460.

[126] Richardson, S., 2006. Over-investment of free cash flow. Review

of Accounting Studies 11: 159-189.

[127] Roberts, M. R., Sufi, A., 2009. Renegotiation of financial contracts: Evidence from private credit agreements. Journal of Financial Economics 93: 159-184.

[128] Rogers, J. L., Buskirk, A. V., 2009. Shareholder litigation and changes in disclosure behavior. Journal of Accounting and Economics 47: 136-156.

[129] Roll, R., 1986. The hubris hypothesis of corporate takeovers. Journal of Business 59: 197-216.

[130] Romer, C. D., Romer, D. H., 1993. Credit channel or credit actions? An interpretation of the postwar transmission mechanism. NBER Working Paper.

[131] Roychowdhury, S., 2006. Earnings management through real activities manipulation. Journal of Accounting & Economics 42: 335-370.

[132] Scheepens, J. P. J. F., 1995. Bankruptcy litigation and optimal debt contracts. European Journal of Political Economy 11: 535-556.

[133] Scott, D. F., Martin, J. D., 1975. Industry influence on financial structure. Financial Management 4: 67-73.

[134] Seetharaman, A., Gul, F. A., Lynn, S. G., 2002. Litigation risk and audit fees: Evidence from UK firms cross-listed on US markets. Journal of Accounting and Economics 33: 91-115.

[135] Shibata, T., Nishihara, M., 2015. Investment timing, debt structure, and financing constraints. European Journal of Operational Research 241: 513-526.

[136] Shleifer, A., Vishny, R. W., 1986. Large shareholders and

corporate control. Journal of Political Economy 94：461-488.

[137] Shleifer, A., Vishny, R.W., 1994. Politicians and firms. The Quarterly Journal of Economics 109：995-1025.

[138] Shleifer, A., Vishny, R.W., 1997. A survey of corporate governance. Journal of Finance 52：737-783.

[139] Skaife, H.A., Veenman, D., Wangerin, D., 2013. Internal control over financial reporting and managerial rent extraction：Evidence from the profitability of insider trading. Journal of Accounting and Economics 55：91-110.

[140] Skinner, D.J., 1994. Why firms voluntarily disclose bad news. Journal of Accounting Research 32：38-60.

[141] Skinner, D.J., 1997. Earnings disclosures and stockholder lawsuits. Journal of Accounting and Economics 23：249-282.

[142] Smith, C.W., Warner, J.B., 1979. On financial contracting：An analysis of bond covenants. Journal of Financial Economics 7：117-161.

[143] Smith, C.W., Watts, R.L., 1992. The investment opportunity set and corporate financing, dividend, and compensation policies. Journal of Financial Economics 32：263-292.

[144] Stiglitz, J.E., Weiss, A., 1981. Credit rationing in markets with imperfect information. American Economic Review 71：393-410.

[145] Stulz, R.M., 1990. Managerial discretion and optimal financing policies. Journal of Financial Economics 26：3-27.

[146] Titman, S., Tsyplakov, S., 2007. A dynamic model of optimal capital structure. Review of Finance 11：401-451.

[147] Titman, S., Wessels, R., 1988. The determinants of capital

structure choice. Journal of Finance 43：1-19.

[148] Venet, B., Hurlin, C., 2001. Granger causality tests in panel data models with fixed coefficients. Document De Recherche Leo.

[149] Vig, V., 2013. Access to collateral and corporate debt structure: Evidence from a natural experiment. Journal of Finance 68：881-928.

[150] Warner, J. B., 1977. Bankruptcy costs: Some evidence. Journal of Finance 32：337-347.

[151] Watts, R. L., 2003a. Conservatism in accounting Part Ⅰ: Explanations and implications. Accounting Horizons 17：207-211.

[152] Watts, R. L., 2003b. Conservatism in accounting Part Ⅱ: Evidence and research opportunities. Accounting Horizons 17：287-301.

[153] Wu, W., Rui, O. M., Wu, C., 2012. Trade credit, cash holdings, and financial deepening: Evidence from a transitional economy. Journal of Banking and Finance 36：2868-2883.

[154] Zang, A. Y., 2012. Evidence on the trade-off between real activities manipulation and accrual-based earnings management. Accounting Review 87：675-703.

[155] Zhang, J., 2008. The contracting benefits of accounting conservatism to lenders and borrowers. Journal of Accounting and Economics 45：27-54

[156] 白俊，连立帅．信贷资金配置差异：所有制歧视抑或禀赋差异［J］. 管理世界，2012（6）：36-48+79.

[157] 白俊，连立帅．国有企业过度投资溯因：政府干预抑或管理层自利［J］. 会计研究，2014（2）：41-48.

[158] 蔡宏标，饶品贵．机构投资者、税收征管与企业避税［J］.

会计研究，2015（10）：59-65.

［159］陈德球，刘经纬，董志勇．社会破产成本，企业债务违约与信贷资金配置效率［J］．金融研究，2013（11）：68-81.

［160］陈德球，魏刚，肖泽忠．法律制度效率、金融深化与家族控制权偏好［J］．经济研究，2013（10）：55-68.

［161］陈耿，刘星，辛清泉．信贷歧视、金融发展与民营企业银行借款期限结构［J］．会计研究，2015（4）：40-46.

［162］陈仕华，卢昌崇，姜广省，王雅茹．国企高管政治晋升对企业并购行为的影响——基于企业成长压力理论的实证研究［J］．管理世界，2015（9）：131-142.

［163］程六兵，刘峰．银行监管与信贷歧视——从会计稳健性的视角［J］．会计研究，2013（1）：28-34.

［164］程新生，谭有超，刘建梅．非财务信息、外部融资与投资效率——基于外部制度约束的研究［J］．管理世界，2012（7）：137-150.

［165］邓剑琴，朱武祥．战略竞争、股权融资约束与高负债融资抉择［J］．经济学（季刊），2006（3）：1179-1196.

［166］邓路，刘瑞琪，廖明情．宏观环境、所有制与公司超额银行借款［J］．管理世界，2016（9）：149-160.

［167］邓路，谢志华，李思飞．民间金融、制度环境与地区经济增长［J］．管理世界，2014（3）：31-40.

［168］樊纲，王小鲁，朱恒鹏．中国市场化指数：各地区市场化相对进程 2009 年报告［M］．经济科学出版社，2010.

［169］樊纲，王小鲁，朱恒鹏．中国市场化指数：各地区市场化相对进程 2011 年报告［M］．经济科学出版社，2011.

［170］方红星，金玉娜．公司治理、内部控制与非效率投资：理论分析与经验证据［J］．会计研究，2013（7）：63-69.

［171］方军雄．所有制，制度环境与信贷资金配置［J］．经济研究，2007（12）：82-92.

［172］龚启辉，吴联生，王亚平．两类盈余管理之间的部分替代［J］．经济研究，2015（6）：175-188.

［173］胡奕明，林文雄，李思琦，谢诗蕾．大贷款人角色：我国银行具有监督作用吗［J］．经济研究，2008（10）：52-64.

［174］黄继承，朱冰，向东．法律环境与资本结构动态调整［J］．管理世界，2014（5）：142-156.

［175］黄乾富，沈红波．债务来源、债务期限结构与现金流的过度投资——基于中国制造业上市公司的实证证据［J］．金融研究，2009（9）：143-155.

［176］姜付秀，黄继承．市场化进程与资本结构动态调整［J］．管理世界，2011（3）：124-134.

［177］姜付秀，黄继承．CEO 财务经历与资本结构决策［J］．会计研究，2013（5）：27-34.

［178］姜付秀，刘志彪．行业特征、资本结构与产品市场竞争［J］．管理世界，2005（10）：74-81.

［179］姜付秀，屈耀辉，陆正飞，李焰．产品市场竞争与资本结构动态调整［J］．经济研究，2008（4）：99-110.

［180］姜付秀，朱冰，王运通．国有企业的经理激励契约更不看重绩效吗［J］．管理世界，2014（9）：143-159.

［181］姜国华，张然．稳健性与公允价值：基于股票价格反应的规范性分析［J］．会计研究，2007（6）：20-25.

［182］江伟，李斌．制度环境，国有产权与银行差别贷款［J］．金融研究，2006（11）：116-126.

［183］江伟，沈艺峰．大股东控制、资产替代与债权人保护［J］．财经研究．2005（12）：95-106.

［184］江轩宇，许年行．企业过度投资与股价崩盘风险［J］．金融研究，2015（8）：141-158.

［185］雷英，吴建友，孙红．内部控制审计对会计盈余质量的影响［J］．会计研究，2013（11）：75-81.

［186］李秉祥．我国财务危机公司投资行为的财务特征分析［J］．中国管理科学，2003（11）：34-39.

［187］李平，曾勇，朱晓林．中国银行业改革对中资银行效率变化的影响［J］．管理科学学报，2013（8）：47-53.

［188］李青原，赵奇伟，李江冰，江春．外商直接投资、金融发展与地区资本配置效率——来自省级工业行业数据的证据［J］．金融研究，2010（3）：80-97.

［189］李万福，林斌，宋璐．内部控制在公司投资中的角色：效率促进还是抑制［J］．管理世界，2011（2）：81-99.

［190］李延喜，陈克兢．终极控制人、外部治理环境与盈余管理［J］．管理科学学报，2014（17）：56-71.

［191］李扬，王国刚，刘煜辉．中国城市金融生态环境评价［M］．人民出版社，2005.

［192］李云鹤．公司过度投资源于管理者代理还是过度自信［J］．世界经济，2014（12）：95-117.

［193］李争光，赵西卜，曹丰，刘向强．机构投资者异质性与会计稳健性——来自中国上市公司的经验证据［J］．南开管理评论，2015

（3）：111-121.

［194］梁琪，余峰燕．金融危机、国有股权与资本投资［J］．经济研究，2014（4）：47-61.

［195］廖秀梅．会计信息的信贷决策有用性：基于所有权制度制约的研究［J］．会计研究．2007（5）：3-38.

［196］林毅夫，刘明兴，章奇．政策性负担与企业的预算软约束：来自中国的实证研究［J］．管理世界，2004（8）：87-95+133+162.

［197］刘京军，徐浩萍．机构投资者：长期投资者还是短期机会主义者［J］．金融研究，2012（9）：141-154.

［198］刘启亮，李祎，张建平．媒体负面报道，诉讼风险与审计契约稳定性——基于外部治理视角的研究［J］．管理世界，2013（11）：144-154.

［199］刘运国，吴小蒙，蒋涛．产权性质，债务融资与会计稳健性［J］．会计研究，2010（1）：43-50.

［200］刘志彪，姜付秀，卢二坡．资本结构与产品市场竞争强度［J］．经济研究，2003（7）：60-67.

［201］卢峰，姚洋．金融压抑下的法治，金融发展和经济增长［J］．中国社会科学，2004（1）：42-55.

［202］陆瑶，朱玉杰，胡晓元．机构投资者持股与上市公司违规行为的实证研究［J］．南开管理评论，2012（1）：13-23.

［203］陆正飞，杨德明．商业信用：替代性融资，还是买方市场［J］．管理世界，2011（4）：6-14.

［204］陆正飞，祝继高，樊铮．银根紧缩、信贷歧视与民营上市公司投资者利益损失［J］．金融研究，2009（8）：124-136.

［205］陆正飞，祝继高，孙便霞．盈余管理、会计信息与银行债

务契约 [J]. 管理世界，2008（3）：152-158.

[206] 罗党论，唐清泉. 中国民营上市公司制度环境与绩效问题研究 [J]. 经济研究，2009（2）：106-118.

[207] 罗党论，应千伟，常亮. 银行授信、产权与企业过度投资：中国上市公司的经验证据 [J]. 世界经济，2012（3）：48-67.

[208] 罗付岩. 机构投资者异质性、投资期限与公司盈余管理 [J]. 管理评论，2015（3）：174-184.

[209] 马永强，赖黎，曾建光. 盈余管理方式与信贷资源配置 [J]. 会计研究，2014（12）：39-45.

[210] 毛新述，孟杰. 内部控制与诉讼风险 [J]. 管理世界，2013（11）：155-165.

[211] 闵亮，沈悦. 宏观冲击下的资本结构动态调整——基于融资约束的差异性分析 [J]. 中国工业经济，2011（5）：109-118.

[212] 潘越，潘建平，戴亦一. 公司诉讼风险、司法地方保护主义与企业创新 [J]. 经济研究，2015（3）：131-145.

[213] 齐寅峰，王曼舒，黄福广，李莉，李翔，李胜楠，何青，古志辉，向冠春. 中国企业投融资行为研究——基于问卷调查结果的分析 [J]. 管理世界，2005（3）：94-114.

[214] 饶品贵，姜国华. 货币政策波动、银行信贷与会计稳健性 [J]. 金融研究，2011（3）：51-71.

[215] 饶品贵，姜国华. 货币政策、信贷资源配置与企业业绩 [J]. 管理世界，2013（3）：12-22.

[216] 饶艳超，胡奕明. 银行信贷中会计信息的使用情况调查与分析 [J]. 会计研究. 2005（4）：36-41.

[217] 申宇，赵静梅. 吃喝费用的“得”与“失”——基于上市

公司投融资效率的研究［J］. 金融研究，2016（3）：140-156.

［218］盛明泉，张敏，马黎珺，李昊．国有产权、预算软约束与资本结构动态调整［J］. 管理世界，2012（3）：151-157.

［219］史永东，王谨乐．中国机构投资者真的稳定市场了吗［J］. 经济研究，2014（12）：100-112.

［220］宋小保．最终控制人、负债融资与利益侵占：来自中国民营上市公司的经验证据［J］. 系统工程理论实践，2014（34）：1633-1647.

［221］苏冬蔚，曾海舰．宏观经济因素与公司资本结构变动［J］. 经济研究，2009（12）：52-65.

［222］孙会霞，陈金明，陈运森．银行信贷配置、信用风险定价与企业融资效率［J］. 金融研究，2013（11）：55-67.

［223］孙亮，柳建华．银行业改革、市场化与信贷资源的配置［J］. 金融研究，2011（1）：94-109.

［224］孙铮，李增泉，王景斌．所有权性质、会计信息与债务契约——来自我国上市公司的经验证据［J］. 管理世界，2006（10）：100-107.

［225］唐跃，王东浩，陈暮紫，陈敏，杨晓光．中国不良贷款回收率地区差异的原因分析［J］. 系统工程理论实践，2011（31）：438-449.

［226］童盼．负债期限结构与企业投资规模——来自中国 A 股上市公司的经验研究［J］. 经济科学，2005（5）：93-101.

［227］万良勇，邓路，郑小玲．网络位置、独立董事治理与公司违规——基于部分可观测 Bivariate Probit 模型［J］. 系统工程理论实践，2014（34）：3091-3102.

［228］王化成，高升好，张伟华．行为金融与资本结构动态调整：基于损失规避视角的探讨［J］．财贸经济，2013（10）：49-58.

［229］王鲁平，杨溢来，康华．终极所有权、银行借款与投资行为的关系：基于商业银行制度变迁背景的经验研究［J］．南开管理评论，2011（6）：137-148.

［230］王小鲁，樊纲，余静文．中国分省份市场化指数报告（2016）［M］．社会科学文献出版社，2017.

［231］王彦超．金融抑制与商业信用二次配置功能［J］．经济研究，2014（6）：86-99.

［232］王彦超，姜国华，辛清泉．诉讼风险、法制环境与债务成本［J］．会计研究，2016（6）：30-37.

［233］王彦超，林斌，辛清泉．市场环境、民事诉讼与盈余管理［J］．中国会计评论，2008（1）：21-40.

［234］王珏，祝继高．基金参与公司治理：行为逻辑与路径选择——基于上海家化和格力电器的案例研究［J］．中国工业经济，2015（5）：135-147.

［235］王正位，王思敏，朱武祥．股票市场融资管制与公司最优资本结构［J］．管理世界，2011（2）：40-48.

［236］王正位，赵冬青，朱武祥．资本市场摩擦与资本结构调整——来自中国上市公司的证据［J］．金融研究，2007（6）：109-119.

［237］伍利娜，陆正飞．企业投资行为与融资结构的关系——基于一项实验研究的发现［J］．管理世界，2005（4）：99-105.

［238］吴联生，岳衡．税率调整和资本结构变动——基于我国取消"先征后返"所得税优惠政策的研究［J］．管理世界，2006（11）：111-118.

[239] 肖作平．资本结构影响因素和双向效应动态模型——来自中国上市公司面板数据的证据 [J]．会计研究，2004 (2)：36-41.

[240] 胥朝阳，刘睿智．提高会计信息可比性能抑制盈余管理吗 [J]．会计研究，2014 (7)：50-57.

[241] 许年行，罗炜．高官政治升迁和公司过度投资行为 [D]．中国人民大学商学院工作论文，2011.

[242] 许年行，于上尧，伊志宏．机构投资者羊群行为与股价崩盘风险 [J]．管理世界，2013 (7)：31-43.

[243] 徐玉德，李挺伟，洪金明．制度环境、信息披露质量与银行债务融资约束——来自深市 A 股上市公司的经验证据 [J]．财贸经济，2011 (5)：51-57.

[244] 姚立杰，罗玫，夏冬林．公司治理与银行借款融资 [J]．会计研究，2010 (8)：55-61.

[245] 姚树洁，姜春霞，冯根福．中国银行业的改革与效率：1995—2008 [J]．经济研究，2011 (8)：4-14.

[246] 叶康涛，祝继高．银根紧缩与信贷资源配置 [J]．管理世界，2009 (1)：22-28.

[247] 叶志锋，彭永梅．现金流量操纵，债权保护与债务违约率——来自中国证券市场的证据 [J]．经济与管理，2009 (10)：46-51.

[248] 应千伟，罗党论．授信额度与投资效率 [J]．金融研究，(2012) 5：151-163.

[249] 余明桂，潘红波．政府干预、法治、金融发展与国有企业银行贷款 [J]．金融研究，2008 (9)：1-22.

[250] 余明桂，潘红波．政治关系、制度环境与民营企业银行贷

款［J］. 管理世界，2008（8）：9-21.

［251］于蔚，金祥荣，钱彦敏. 宏观冲击、融资约束与公司资本结构动态调整［J］. 世界经济，2012（3）：24-47.

［252］袁卫秋. 静态权衡理论与啄食顺序理论的实证检验［J］. 数量经济技术经济研究，2004（2）：148-153.

［253］曾庆生，陈信元. 国家控股、超额雇员与劳动力成本［J］. 经济研究，2006（5）：75-87.

［254］张敏，张胜，王成方，申慧慧. 政治关联与信贷资源配置效率——来自我国民营上市公司的经验证据［J］. 管理世界，2010（11）：143-153.

［255］张兆国，曾牧，刘永丽. 政治关系，债务融资与企业投资行为——来自我国上市公司的经验证据［J］. 中国软科学，2011（5）：106-121.

［256］张志强，肖淑芳. 节税收益、破产成本与最优资本结构［J］. 会计研究，2009（4）：47-54.

［257］章之旺，预期财务困境成本在债务违约预测模型中的信息含量［J］. 数量经济技术经济研究，2008（3）：148-159.

［258］赵冬青，朱武祥，王正位. 宏观调控与房地产上市公司资本结构调整［J］. 金融研究，2008（10）：78-92.

［259］赵兴楣，王华. 政府控制、制度背景与资本结构动态调整［J］. 会计研究，2011（3）：34-40.

［260］郑志刚，李东旭，许荣，林仁韬，赵锡军. 国企高管的政治晋升与形象工程——基于 N 省 A 公司的案例研究［J］. 管理世界，2012（10）：146-156.

［261］祝继高. 会计稳健性与债权人利益保护——基于银行与上

市公司关于贷款的法律诉讼的研究［J］. 会计研究，2011（5）：50-57.

［262］祝继高，陆正飞. 货币政策，企业成长与现金持有水平变化［J］. 管理世界，2009（3）：152-158.

［263］祝继高，陆正飞，张然，叶康涛. 银行借款信息的有用性与股票投资回报——来自 A 股上市公司的经验证据［J］. 金融研究，2009（1）：122-135.

［264］祝继高，叶康涛，严冬. 女性董事的风险规避与企业投资行为研究——基于金融危机的视角［J］. 财贸经济，2012（4）：50-58.

重要术语索引

后 记

从 2007 年在中国人民大学商学院攻读博士学位起，我就一直关注中国资本市场和上市公司的融资决策，围绕上市公司的股权融资和债务融资，我先后主持和完成了 3 项国家自然科学基金项目。在 2012 年立项的国家自然科学基金（定向增发融资行为及其经济后果：基于投资者异质信念视角）顺利结题后，基于银行借款依然是当前中国上市公司最主要融资方式的现实背景，我的研究兴趣从股权融资转移到债务融资，通过广泛阅读国内外学术文献与上市公司的实地调研，最终提炼出关于超额银行借款的研究话题。超额银行借款，从理论上讲，源于资本结构的权衡理论以及资本结构的动态调整。按照资本结构权衡理论假说，公司应该具有目标债务比例，那么，公司是否也存在目标银行借款比例？如果公司存在目标银行借款比例，那么公司实际的银行借款比例与理想值之间的偏离就会形成借款过多或借款不足。纵观现有文献，学术界尚缺少关于超额银行借款成因及其经济后果的系统性研究。

确定好研究主题后，我与研究团队便着手撰写文献综述，构建理论框架，制定总体研究方案和具体的研究内容。幸运的是，2015 年，我作为项目负责人申报的“公司超额银行借款行为研究：影响因素与经济后果”课题顺利地被国家自然科学基金委立项资助。在后续的课题研究中，有诸多困扰我们的学术问题需要研究团队突破解决。首先摆在我们面前待解决的关键问题便是公司超额银行借款的度量。如同 Fama

(1970) 所强调的联合检验问题一样，计算公司超额银行借款的前提同样需要估算公司的目标银行借款。我们参考权衡理论估算公司目标资本结构思路，同时采用回归分析法、动态调整法和行业均值法三种方法估算公司目标银行借款，在此基础上进一步计算公司超额银行借款。此外，我们还选择多个目标公司进行实地调研，通过询问公司董事长（总经理）、财务总监和其他高管了解银行借款融资动机及影响因素，根据调研结果对理论模型进行修正，以期最大程度保证研究结论的稳健性。围绕公司超额银行借款这一研究主题，我们从宏观环境、盈余质量等视角考察公司超额银行借款的影响因素，并进一步从资本配置效率和诉讼风险等维度检验公司超额银行借款的经济后果。我们的研究成果除了希望能够在学术理论上拓展公司财务权衡理论的研究视野以外，也希望能够对公司合理选择银行借款规模、优化资源配置提供实践依据，并为监管机构完善信贷管理制度、提高监管效率提供决策依据。

学术研究总有不尽如人意的地方，受制于视野、数据和技术等限制，我们的研究还存在诸多不足之处，其中之一便是研究样本的局限性。考虑到财务数据的完整性，我们的研究样本主要来自于中国资本市场A股上市公司，这显然不能完全代表当前中国公司的总体情况，特别是中国还存在数量庞大的中小微企业。相比上市公司而言，也许非上市公司更依赖于银行债务融资，那么中小微企业是否也存在超额银行借款行为抑或是存在银行借款不足？其成因与上市公司是否存在差异？我们能否找到更好的理论对上述现象进行解释？随着信息技术在公司财务与会计学术研究领域的广泛应用，相信未来会有更多关于中国非上市公司的研究，从而弥补我们当前研究的不足。

很多时候，学术研究是枯燥乏味的，快乐的是，在学术研究中能够与志同道合的学术小伙伴享受共同成长的过程。首先感谢本书的另一位作者——香港理工大学会计与金融学院博士刘瑞琪，瑞琪既是我曾经指导过的本科和硕士研究生，也是我多篇学术论文的合作者。过去十年，我一路见证瑞琪博士在学术研究道路上的成长与进步，并期待她在以后的学术研究中取得更好的研究成果。同时真诚地感谢目前正在美国南加州大学马歇尔商学院进行学术访问的廖明情副教授、对外经济贸易大学国际经贸学院江萍教授、北京理工大学管理与经济学院佟岩教授，与各位学术同仁的交流与合作拓宽了公司超额银行借款相关专题的研究视野。此外，也要感谢我过去指导的硕士研究生、如今在中国人民大学商学院攻读博士学位的孙春兴博士，在文献收集和原始数据整理方面，春兴博士做了很多细致的工作。最后，感谢中国经济出版社责任编辑牛慧珍老师，她为书稿出版进行了大量的编辑和校对工作。正是她的辛勤付出，才有本书的顺利出版。

在本书即将付梓之际，新型冠状肺炎疫情席卷全国，对中国经济社会发展带来前所未有的冲击。为对冲疫情的影响，中国人民银行采取了一系列货币信贷支持政策，先后安排3000亿元专项再贷款、5000亿元再贷款再贴现额度、1万亿元再贷款再贴现额度，强化逆周期调节，保持流动性合理充裕。希望央行货币政策逆周期调节的实施过程中，避免出现大型企业超额银行借款，而中小微企业银行借款不足的局面，完善信贷投放对象与货币政策协调配合，注重“精准滴灌”而非“大水漫灌”，发挥货币信贷政策促进经济结构调整的作用，更好地服务实体经济。

疫情总会过去，静候春暖花开。

邓　路

2020年3月30日于北京航空航天大学新主楼